给孩子的
性教育图鉴

【日】野岛那美/著

刘旭阳/译 刘文利/审读

中国出版集团 现代出版社

加油哦!

理解性知识，
就是理解生命

大家有没有思考过，
生命的起源是什么呢？
人类的生命，
是从被称为"受精卵"的一个细胞开始的。
受精卵由来自爸爸的精子和
来自妈妈的卵子结合而成。
爸爸和妈妈相爱，
精子和卵子结合，然后新的生命出现。

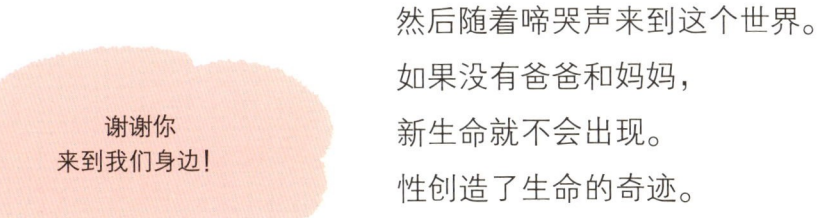

受精卵在妈妈的子宫里逐渐变成胎儿。
胎儿在妈妈的子宫里健康成长，
然后随着啼哭声来到这个世界。
如果没有爸爸和妈妈，
新生命就不会出现。
性创造了生命的奇迹。
每一个人都因这个奇迹诞生，
成为独一无二的自己。

谢谢你
来到我们身边！

生命的接力棒

哇——

来玩吧!

在人类漫长的历史中,
生命一直在延续,
这就像是生命的"接力赛"。

好幸福啊!

要健康成长呀!

不只是人类,
小狗、小猫、大象和大熊猫等,
这些动物也都是从父母亲那里接过"生命的接力棒",
才组成了现在的世界。

每一个人都会成长,
变成成年男性或成年女性。
大家会遇到自己喜欢的人,和他(她)一起
把"生命的接力棒"传递给下一代人。

与身体和心理有关的问题

"婴儿是从哪里来的呢?"
"'小鸡鸡'为什么会变大呢?"
"月经是指什么呢?"
未成年人会在身体和心理逐渐成熟的过程中,
产生很多烦恼和疑问。
有烦恼和疑问并不奇怪。
因为,这些是长大成人前必须学习的知识。

为什么最近变得焦躁不安呢?

我是从哪里来的呢?

为什么胸部
会变大呢?

为什么"小鸡鸡"
会变大呢?

月经是什么?

不过,大家在学校的课堂上
可能无法找到所有问题的答案。
男生不仅要了解自己,
也要了解女生。
女生不仅要了解自己,
也要了解男生。
掌握正确的性知识,
会让我们增加自我认同感,
肯定自己的生命价值。

写给家长

让孩子充分意识到自己的生命价值，开拓自己的人生道路。

"现在你可能会感觉难为情，不过3年后就会明白妈妈正在告诉你的事情很重要。"这句话，是我在对即将进入青春期、正在上小学五年级的二女儿进行性教育时，中学二年级的大女儿告诉二女儿的。

当时，为了让二女儿明白她是应该被深爱的珍贵存在，我想教给她关于生命和爱，以及如何保护自己的知识。但是，因为二女儿并没有认真听我讲的话，我开始为怎么表达而心烦意乱。而已经进入青春期的大女儿说的那番话，让我备受鼓舞。

孩子会向自己信赖的成年人寻求帮助。他们想要更了解自己，想和比自己年龄大的人谈论与身体和恋爱有关的烦恼，想要听取成年人的建议。

不过，很多成年人并没有接受过性教育，他们也不知道如何回答与性相关的问题。

"虽然我明白性教育很必要，但是难以启齿。"

"孩子肯定不想听父母说这些吧！"

"不想让孩子感觉难为情。"

"就算现在不知道，以后肯定可以在别的地方学到吧！"
……

为了改变家长们关于性教育的观念，我决定着手写这本书。

很多孩子的自我认同感都比较低。我衷心认为，只有通过正确的性教育，才能改变这样的育儿现状，以及教育现状。

现在孩子所处的生活环境和我们成长的那个时代差异很大。在现代社会，社交媒体上的点赞数量和粉丝数量、学校里的成绩等数字，往往在特定时间段影响着孩子的价值观。怎样才能让孩子顺利度过"容易被这些数字支配的特殊时期"呢？我们可以为他们提供什么样的外部环境呢？

孩子在青春期的自我评价和价值观会影响成年后的自我评价。我们需要确保孩子可以获得在社会中生存下去的能力，帮助他们实现自我价值，丰富他们的个人生活。

我衷心希望可以通过这本书，使各位家长和孩子之间的关系变得更加和谐、融洽。

［日］野岛那美

目 录

理解性知识，就是理解生命 2

生命的接力棒 4

与身体和心理有关的问题 6

写给家长 8

第 1 部分　希望大家知道的事

"生命"和"性"有什么关系呢？ 16

长大成人是指什么呢？ 18

每个人的成长轨迹都是一样的吗？ 20

对身体感兴趣是不好的事情吗？ 22

怎么才能喜欢上自己呢？ 24

第 2 部分　性教育基础知识问题集

Q1	哪一种动物刚出生时的模样就和成年时很像呢？	28
Q2	婴儿是从哪里来的呢？	30
Q3	使青春期儿童的身体发生变化的物质是什么呢？	32
Q4	被什么遮盖的部位是和性有关的重要部位呢？	34
Q5	生殖器周围为什么会长阴毛呢？	36
Q6	儿童在青春期感到焦躁不安是因为什么呢？	38
Q7	青春期长身体需要什么呢？	40
Q8	女孩体内有几个卵巢呢？	44
Q9	来月经是为什么做准备？	46
Q10	第一次来月经是在几岁呢？	48
Q11	女性一生中可以排出多少个卵子呢？	50
Q12	乳房的大小是由什么决定的呢？	52
Q13	怎样确定月经周期呢？	54

Q14	下面哪一个不是月经卫生用品呢?	56
Q15	来月经时流出的血量大概有多少呢?	58
Q16	来月经时会出现什么症状呢?	60
Q17	来月经前出现的身体不适叫什么?	62
Q18	可以在青春期减肥吗?	64
Q19	为什么阴囊长在人体外部呢?	68
Q20	男性和女性比较,谁的尿道更长?	70
Q21	首次遗精是在几岁时呢?	72
Q22	一天内产生的精子数量和下面哪一个数值差不多呢?	74
Q23	阴茎什么时候会勃起呢?	76
Q24	阴茎勃起的时候,是什么使阴茎变硬呢?	78
Q25	阴茎大概有多大呢?	80
Q26	一直忍着不射精的话,会发生什么呢?	82
Q27	尿液会和精液一起从尿道流出来吗?	84
Q28	对性感兴趣是很奇怪的事情吗?	86
Q29	1个卵子里最多可以进入几个精子呢?	90
Q30	精子成功遇到卵子的概率是多少呢?	92
Q31	胎儿是在怀孕几个月后出生的呢?	94
Q32	婴儿是像爸爸,还是像妈妈呢?	96

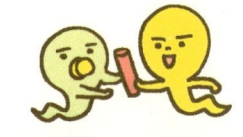

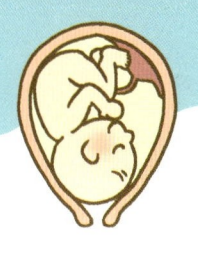

Q33	胎儿的性别是什么时候确定的呢?	98
Q34	下面哪一种物质不能通过妈妈的脐带运送到胎儿体内呢?	100
Q35	双胞胎长得都很像吗?	102
Q36	胎儿将要出生的信号是什么呢?	104
Q37	婴儿第一次排出的大便是什么颜色呢?	106
Q38	下面哪个国家的学生是从高中开始学习避孕知识的?	110
Q39	避孕套的避孕概率是多少?	112
Q40	关于身体和心理方面的烦恼,可以和谁商量呢?	114
Q41	从几岁开始可以生孩子呢?	116
Q42	情侣之间发生性关系会患上性传播疾病吗?	118
Q43	女孩应当做什么运动呢?	120
Q44	性别的特征只有"男性"和"女性"两种吗?	122

第 3 部分　保护身心的 5 个原则

避免遭遇性侵害 126

要有同理心	128
因为身心发展而烦恼怎么办	130
既要喜欢自己，也要喜欢别人	132
不要被错误信息误导	134
现在和未来的自我笔记	136

性教育专栏

男孩和女孩在青春期的烦恼与不安	26
想要了解更多青春期的烦恼	42
解答女孩关于"身体和性"的疑问	66
解答男孩关于"身体和性"的疑问	88
"普通"也有很多种	108
宫颈癌和 HPV 疫苗	124

日本原版书工作人员：
主体设计：喜来诗织（entotsu） 装订：DTP UNION WORKS
插图：藤井昌子 执笔、编辑：岩佐陆生

第 1 部分

希望大家知道的事

青春期是很重要的时期。
在这一时期，儿童的身体和心理都会越来越接近成年人。
大家可以期待一下自己的成长哦！

"生命"和
"性"有什么关系呢？

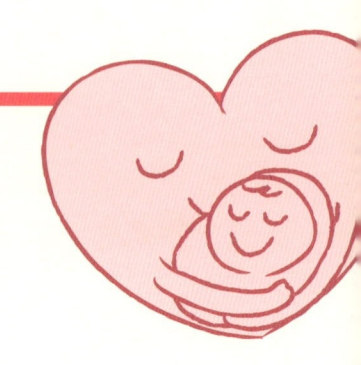

生命是由很多奇迹组合在一起形成的，
你本身就是一个奇迹。

不断传递的生命接力棒

人的身体是由大约 60 万亿个很小的细胞构成的。大家能想象 60 万亿是多么庞大的数字吗？举例来说，地球上大约有 80 亿人，而人体内的细胞数量大约是地球上人类数量的 7500 倍。

不过，这 60 万亿个细胞最初却源自一个细胞，那就是男性的精子和女性的卵子相遇后形成的"受精卵"（p.30）。

一个男人和一个女人在这个广阔的世界相遇，这本身就是奇迹。后来，他们的精子和卵子也相遇了，形成了受精卵。受精卵在女人的子宫里发育成胎儿，然后来到这个世界。生命诞生的过程是由成千上万个奇迹构成的。

你就是在经历过这么多奇迹后，才来到这个世界的。你是这个世界上独一无二、不可替代的存在。

青春期是越来越接近成年期的一个阶段。随着身体和心理的成长，大家最后都会长大成人。

大家从父母那里获得生命，再把生命传递给自己的孩子。从父母到子女，再从子女到孙子孙女，生命就像接力赛一样被不断传递下去。

这场接力赛得以持续离不开"性"的参与。

生命源自一个受精卵

卵子

精子

合二为一！

受精卵

马上要出生了！

孕育生命的过程就是奇迹！

怀孕

见到你真开心啊！

出生

也就是说……

精子和卵子相遇，
使生命可以从父母传递给子女，
再从子女传递给孙子孙女。

长大成人
是指什么呢？

大家在听到"成年人"这个词时，会联想到什么呢？
成年人也是有很多类型的。

身体和心理会在青春期成长起来

　　青春期是儿童成长为成年人的重要时期。成年人的特征是什么呢？

　　首先，是 身体方面的成熟 。男孩会迎来初精（p.72），女孩会迎来月经初潮（p.48）， 这标志着人体具备了生育能力 。男孩和女孩的体形会越来越接近成年人，身高会增长，生殖器周围和腋下等部位会长出毛发。

　　其次，是 心理方面的成熟 。处于青春期的未成年人会因为朋友关系、个人魅力、脱离父母走向独立等事情而感到烦恼。心理方面的成熟需要积累很多经验。只有在经历各种悲欢离合、克服诸多困难后， 大家才会具备同理心，有能力承担起社会责任，成为名副其实的成年人 。

　　最后，是法律意义上的成年人。根据中国的法律， 18周岁以上的自然人为成年人 。到了这个年龄之后，大家就可以办理信用卡等，并可以按照自己的意愿签署各种合约。

　　从法律方面来看，只要满足年龄条件，大家都能成为成年人。但是， 身体和心理方面的成年，则需要大家在青春期根据自己的节奏，一边处理各种烦恼，一边逐渐成熟 。

3个方面的"成年"

心理方面的成年

感觉可以独当一面了!

精神方面也会成长,变成独立的成年人。

身体方面的成年

我长高了!

迎来月经初潮和初精后,人体就具备了生育能力。

成年人也有很多种呢!

我们是成年人!

法律方面的成年

18周岁以上。

也就是说……

除了身体和心理方面的成年,
还有法律方面的成年。
在青春期,大家的身体和心理都会逐渐成熟。

每个人的成长轨迹都是一样的吗？

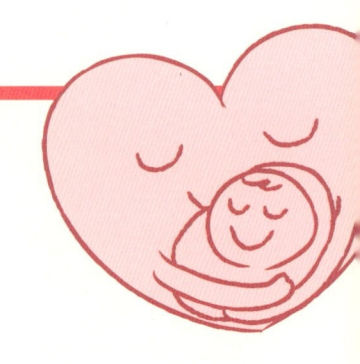

很多人会拿自己和别人比较，并为此烦恼。
要知道，每个人都有不同的身心成熟历程。

每个人都有自己的烦恼

青春期是身体和心理趋于成年人的时期，这一时期是从什么时候开始的呢？实际上，每个人出现变化的时间点并不一致。

一般来说，女孩会比男孩更早进入青春期。有的人 10 岁之前就进入青春期了，而有的人中学毕业时才进入青春期。

正如每个人的长相各不相同，每个人的身心成熟历程也不一样。

有的男孩可能会比同龄人更晚长高，初精也更晚出现。有的女孩可能会比身边的人更晚来月经，胸部的发育也更缓慢。

与此相反，有的人会因为比身边的人更早开始发育感到烦恼。比如说，男孩可能会因为胡须和腿毛变浓密而感到害羞，女孩可能会因为胸部逐渐丰满和月经初潮而感到不知所措。

这些变化会发生在每一个人的身上。

身体的成长是必然的。大家只要按照自己的节奏，享受自己的成长过程就好了。

每个人都有不一样的成长轨迹

到达终点！

马上就到啦！

终点很远，但是不用担心！

我要快点儿长大。

轻松一点比较好！

每个人的成长轨迹都不一样呢。

也就是说……

每个人的成长轨迹都不一样。
不需要拿自己和别人进行比较。

对身体感兴趣
是不好的事情吗？

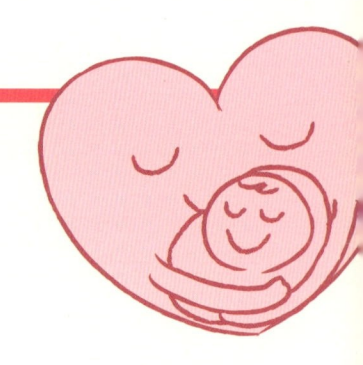

处于青春期的男孩和女孩会不知不觉对异性的身体感到好奇，这是很自然的事情。

学习身体和性的相关知识可以保护自己

处于青春期的未成年人，虽然很在意身体的变化，但往往羞于表达。

<mark>大家要知道，通过正确途径学习身体和性的相关知识是很重要的</mark>，这绝对不是"下流的事情"，也不是"不好的事情"。

<mark>明白了身体的结构和性的本质，大家就会更加珍惜自己的身体</mark>，也会更加尊重异性。

在当今社会，有很多以儿童为目标的性侵害。尽早明白泳衣遮盖部位（p.34）的重要性，也许就能预防此类事件发生。

另外，提前学习怀孕（p.90）、避孕（p.112）和性传播疾病（p.118）的相关知识，就可以在日后与人交往时<mark>保护自己和对方的身体</mark>。

身体和性与大家密切相关。有的人可能会认为，青春期学习这些知识为时过早，其实不然，性教育越早开始，效果越好。

掌握正确的性知识

恋爱
请和我交往吧!

性交
我爱你!

大家要学习正确的性知识哦!

也就是说……

学习身体和性的相关知识很重要。

怎么才能喜欢上自己呢？

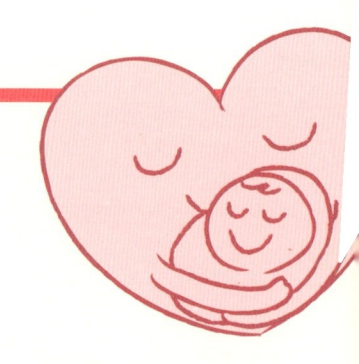

你喜欢自己吗？
或许大家都有同样的烦恼。

每个人都有烦恼

　　大家会在学校跟很多朋友一起度过一段漫长的时光，而与身体和心理有关的烦恼也会在这段时间内不断涌现。

　　比如说，"'小鸡鸡'多大算是正常呢？""那个女孩的胸部比我的大！""如何能像其他人一样有魅力呢？"……可以说，青春期的烦恼数也数不过来。

　　其实，==不止你在为类似的事烦恼==，你的朋友也有同样的烦恼。

　　==试着改变一下思考方式，自卑的地方或许就是一种"个性"==。换位思考一下，假如你一直在意的身体的秘密被其他人指指点点或者嘲笑，这会让你感到很难受吧？所以，我们要做一个善于发现他人优点的人。

　　就像是"十个人，十样性"这句话说的一样，如果有十个人，就会有十种不一样的个性。随着长大成人，个性就会逐渐变成自己的魅力。

　　你是这个世界上独一无二的存在。==不要拿自己和别人比较，而是应该更加认可自己的个性，更加珍惜自己==。

　　如果我们可以喜欢上自己的身体和心理，就一定可以更加温柔地对待其他人。

珍惜自己的个性

理想中的样子

你就像模特一样！

是吗？

开心

大家要珍惜自己的个性！

要活得像自己

来玩吧！

我要做自己！

也就是说……

大家要更加认可并珍惜自己。
不要拿自己和别人比较，
要欣赏自己的个性。

性教育专栏

男孩和女孩在青春期的烦恼与不安

青春期的烦恼每个人都不一样。
男孩和女孩的烦恼有什么不同呢？

男孩和女孩烦恼的事并不相同

男孩

处于青春期的男孩，体内会分泌很多雄激素（p.32），因此精力旺盛，容易兴奋，如何控制这种情绪就成了困扰男孩的烦恼。此外，遗精（p.89）是男孩发育的重要标志，是正常的生理现象，遗精的次数和频率同样会令男孩感到疑惑。男孩还会因为痤疮（p.43）、包茎（p.88）、体味（p.88）等伴随青春期产生的身体变化而烦恼。

女孩

女孩烦恼最多的是月经（p.46），对于青春期的女孩而言，来月经是一件很重要的事。随着第二性征（p.32）的发育，女孩的胸部会逐渐丰满起来，很多女孩可能会因为身体方面的巨大变化而感到不知所措。此外，情绪问题也是青春期女孩在意的一个方面。

第 2 部分

性教育基础知识问题集

大家要活出自己的个性，
希望接下来的内容能对大家有所帮助。

Q1

哪一种动物刚出生时的模样就和成年时很像呢?

① 青蛙　　**②** 鲤鱼　　**③** 大熊猫

胎生和卵生

胎生 — 出生时就和爸爸妈妈很像

狗　人类　大熊猫　猫　狮子

胚胎在妈妈体内发育到一定程度，然后出生。

卵生 — 从卵中孵化出来

鱼类　鸟类　昆虫　两栖类　爬行类

胚胎利用卵中的养分成长发育，并改变形态。

哺乳动物的宝宝会在妈妈的子宫里成长发育

动物出生的方式有两种：一种是宝宝生出来就和爸爸妈妈很像的"胎生"，另一种是宝宝从卵中孵化出来的"卵生"。

胎生的特点是，受精卵（p.30）会在雌性的子宫内发育，而宝宝出生时的形态就和爸爸妈妈很像。宝宝出生后不仅要喝母乳，还要爸爸妈妈照料才能长大。

与胎生动物不同，在陆地上产卵的鸟类和昆虫等卵生动物，为了要避免卵受到外部干燥环境的影响，会产下有壳卵，而在水里产卵的鱼类和两栖类没有这方面顾虑，所以会产下无壳卵。

大家如果见过刚出生的婴儿，就会明白人类是胎生还是卵生。婴儿从妈妈的子宫里出生时，就具备了人形。由此可以确定，人类是胎生的哺乳动物。

答案 ❸ 大熊猫

和人类一样，大熊猫也是哺乳动物，大熊猫宝宝会在雌性大熊猫的子宫里成长发育。

想要了解更多！
卵生动物不会照料自己的宝宝？！

卵生动物会利用卵中的养分成长发育，并改变形态。卵生动物中，鸟类会在雏鸟破壳后喂养并照料雏鸟。而其他卵生动物一般不会照料自己的宝宝。

Q2

婴儿是从哪里来的呢？

❶ 鹳鸟送来的　❷ 精子和卵子相遇后孕育出来的

精子和卵子相遇后孕育出婴儿

　　大家知道婴儿是从哪里来的吗？是鹳鸟把婴儿送到爸爸妈妈身边的吗？还是像蔬菜一样，从土地里长出来的呢？当然，这两种说法都是错误的。

　　实际上，婴儿是男性的精子（p.74）和女性的卵子（p.44）相遇后孕育出来的。那么，精子和卵子是怎么相遇的呢？

　　如果把女性的生殖器（阴道）视为"锁"，把男性的生殖器（阴茎）视为"钥匙"，执行运送任务就像开锁一样，将"钥匙"插入"锁"中便能将精子送到卵子附近。上述行为叫作"性交"。

　　精子和卵子相遇后，会形成"受精卵"，它是生命的源头。女性因此怀孕，受精卵也将发育成胎儿。胎儿在妈妈的子宫里发育成长后，会经阴道离开妈妈的身体来到外面的世界，这个过程叫作"出生"，这种出生方式叫作"自然分娩"。另外，还有一种通过手术从妈妈肚子里取出胎儿的出生方式，叫作"剖宫产"。

　　也就是说，性是生命的起点。如果没有性，婴儿就不会来到这个世界（例外情况见 p.108）。

婴儿是怎么出生的呢?

① 爸爸和妈妈相爱。

你好啊!

② 爸爸的精子和妈妈的卵子相遇。

你要健康长大哦!

③ 妈妈怀孕。胎儿在妈妈的子宫里发育成长。

谢谢你来到爸爸妈妈身边!

婴儿是爱的结晶。

哇!

④ 婴儿出生。

答案 ❷ 精子和卵子相遇后孕育出来的

精子和卵子相遇造就了生命。

Q3

使青春期儿童的身体发生变化的物质是什么呢？

❶ 开关　❷ 压力　❸ 激素

人的心理和身体会在青春期变成熟

在年龄很小的时候，男女之间的差异并不大。但是随着成长发育的进行，男女之间的差异就会变得越来越明显。

在胎儿阶段，男孩就会发育出阴茎和睾丸（p.68）等生殖器，女孩也会发育出子宫和卵巢（p.44）等生殖器。这种差异叫作"第一性征"。

男孩在 12 岁左右、女孩在 10 岁左右时，身体结构和功能方面会显现出叫作"第二性征"的差异。随着身体和心理各方面的变化，男孩会变得越来越像成年男性，女孩会变得越来越像成年女性。从第二性征出现到发育成熟的这一时期就是"青春期"。

在青春期，主导身体变化的物质是"激素"。睾丸或卵巢接收到垂体的指令后，会分泌出很多性激素（雄激素和雌激素）。受到激素的影响，男孩和女孩会变得越来越接近成年人。

想要了解更多！

只有男性才有雄激素吗？

实际上，男性和女性体内都有雄激素和雌激素。因为睾丸会产生更多雄激素，而卵巢会产生更多雌激素，所以男性和女性的身体结构才有很多不同。

大脑发出成长指令

男孩

分泌激素!

大脑
垂体
①
②
③
睾丸

① 大脑下方的垂体分泌性腺刺激激素，刺激睾丸。

② 睾丸分泌雄激素。

③ 受到雄激素的影响，男孩开始遗精，体形也会变得更像成年男性。

变得更像成年男性!

女孩

① 大脑下方的垂体分泌性腺刺激激素，刺激卵巢。

② 卵巢分泌雌激素。

③ 受到雌激素的影响，女孩会来月经，体形也会变得更像成年女性。

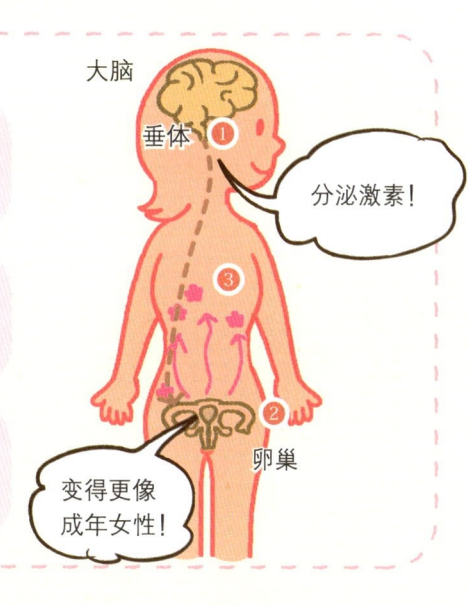

大脑
垂体 ①
分泌激素!
③
②
卵巢

变得更像成年女性!

答案 ❸ 激素 睾丸和卵巢分泌的性激素能促使身体发育成熟。

Q4

被什么遮盖的部位是和性有关的重要部位呢?

❶ 帽子   ❷ 泳衣   ❸ T恤衫

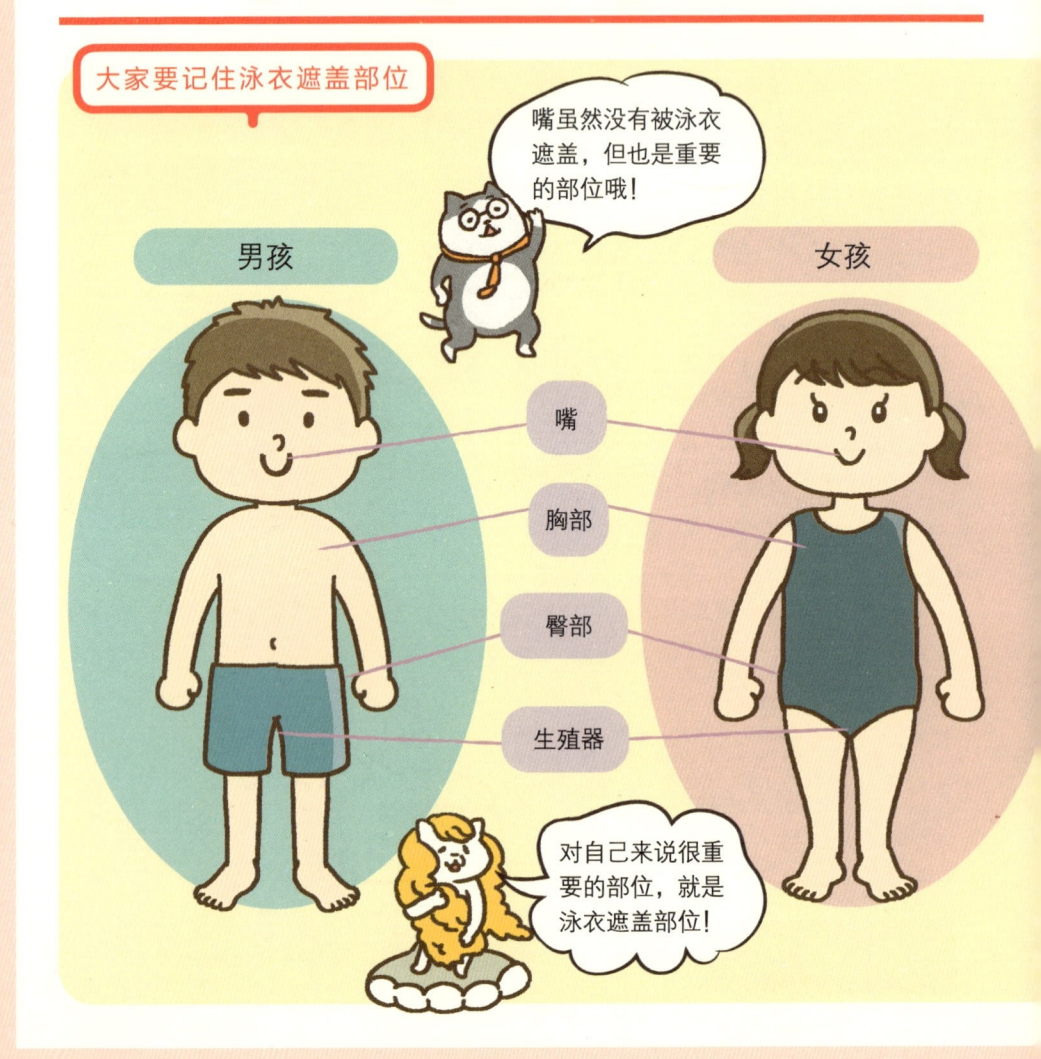

大家要记住泳衣遮盖部位

嘴虽然没有被泳衣遮盖,但也是重要的部位哦!

男孩 　　　女孩

- 嘴
- 胸部
- 臀部
- 生殖器

对自己来说很重要的部位,就是泳衣遮盖部位!

不能给别人看，也不能让别人摸

身体上有几个重要部位，既不能给别人看，也不能让别人摸。

以女孩为例，穿上泳衣时，胸部、臀部、生殖器会被遮盖上，这些部位就是对自己很重要的隐私部位。虽然男孩穿的泳衣不会遮盖胸部，但男孩的胸部也同样重要。此外，嘴也是很重要的部位。总之，不论男女，嘴、胸部、臀部、生殖器都是对自己来说很重要的身体部位。

如果别人想看或者摸你的泳衣遮盖部位，一定要拒绝。如果别人让你看或者摸他（她）的泳衣遮盖部位，那么这个人一定是危险人物。遇到这样的人，必须大声呼救并立刻逃离现场，事后要记得将经历告诉父母、老师等成年人。朋友的泳衣遮盖部位也很重要，千万不能随便触摸。

还要记得，不要在别人面前谈论泳衣遮盖部位，也不要主动让别人看自己的泳衣遮盖部位。把自己讨厌的事情强加给别人，是非常粗暴且不可取的行为。不在外人面前谈论泳衣遮盖部位，不让别人看自己的泳衣遮盖部位，这样就可以保护彼此。

两个约定

不要让别人看到！
不能给别人看！

不要让别人摸到！
不能让别人摸！

答案 ❷ 泳衣

胸部、臀部、生殖器，还有嘴，都是非常重要的部位。

Q5

生殖器周围为什么会长阴毛呢？

❶ 起到保护作用　　**❷ 为了辨别身份**　　**❸ 为了引人注目**

身体会在青春期时发生哪些变化

　　青春期的身体变化不仅体现在外表，身体内部也在不断变化，变得更接近成年人。

　　男孩的阴茎和阴囊逐渐发育，开始出现遗精（p.72）现象。此外，男孩的肌肉会变得越来越发达，生殖器周围和腋下会分别长出阴毛和腋毛，脸上会长出胡须，手腕和腿上的体毛也会变得浓密。

　　女孩体内也会发生不少变化。卵巢和子宫等生殖器逐渐发育成熟，开始来月经（p.48）。这意味着女孩的身体具备了生育功能。女孩在青春期很容易积蓄脂肪，身材会变得圆润，乳房也会发育。为了保护子宫和卵巢，骨盆会变宽，腰部也会变粗。和男孩一样，女孩的生殖器周围和腋下也会长出阴毛和腋毛。

　　生殖器周围之所以会长出阴毛，是因为生殖器是孕育生命的重要器官。就像头发的作用是保护向身体发出指令的头部一样，阴毛的作用是保护具有重要功能的生殖器。

> **想要了解更多！**
>
> **女孩也会在青春期变声**
>
> 　　男孩和女孩都会在青春期变声。男孩的声音会变低一个八度；女孩的音域会在短期内变得狭窄，平稳度过这段时期后，声音会变成更加甜美的女性声音。

身体会在青春期发生哪些变化呢?

男孩

- 变声,喉结变大。
- 肌肉和骨骼变得发达,身体变得强壮。
- 长出腋毛、小腿毛、阴毛等。
- 生殖器逐渐发育成熟,开始遗精。

女孩

- 乳房发育,长出腋毛。
- 骨盆变宽,臀部变圆,长出阴毛。
- 内生殖器逐渐发育成熟,出现白带和月经。

女孩的声音也会稍微变低哦!

答案 ❶ 起到保护作用

就像是头发的作用是保护头部一样,阴毛的作用是保护具有重要功能的生殖器。

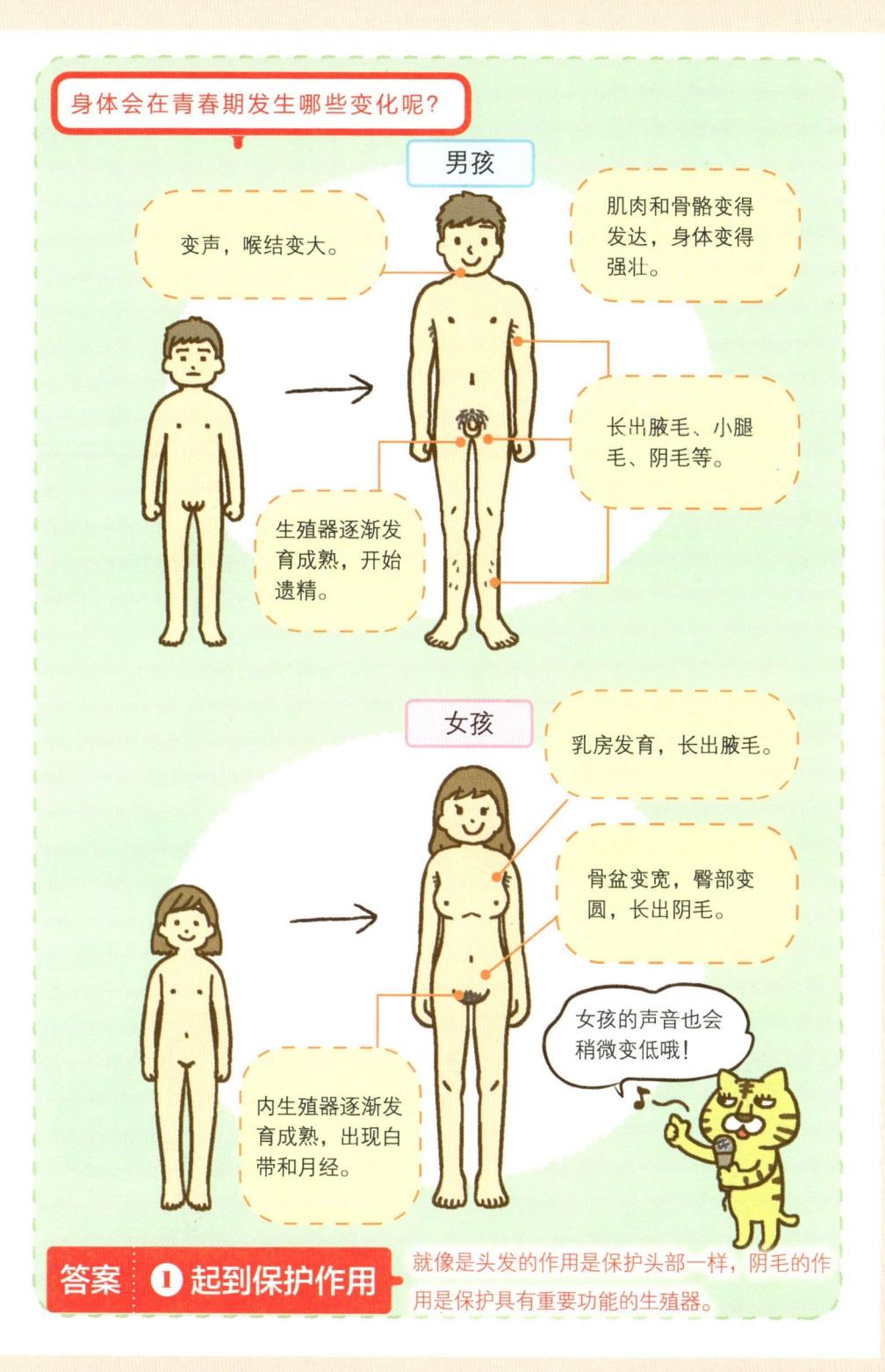

Q6 儿童在青春期感到焦躁不安是因为什么呢？

❶ 因为自己　❷ 因为父母　❸ 因为激素

青春期和激素的关系

身体分泌出大量生长激素和性激素，并刺激大脑。

焦躁不安的情绪越来越严重。烦恼也会增加。

性激素　生长激素

不安　焦躁　烦恼

幼年期　青春期

焦躁不安是成年之前的必经阶段

在青春期，我们的身体和心理都开始向成年人转变，情绪会变得不稳定，并对父母等人表现出反抗情绪，所以这一时期也被称为"叛逆期"。

自己的事情要自己决定，讨厌被干涉……我们的身体急剧地发生着变化，但是精神方面却无法适应身体的变化，因此会感到不安，或者是焦躁。我们会感觉父母和老师说的话很刺耳，想要反抗他们，甚至会无意地说出伤害他们的话。

出现这些问题，并不是谁的错。在青春期，体内会分泌出大量生长激素和性激素，并刺激大脑使我们很难控制自己的情绪。

青春期有烦恼并不完全是坏事，这些烦恼是成长过程中不可避免的。情绪变得不稳定，也是独立意识和自我意识增强的证明。

我们可以在经历诸多烦恼时认真审视自己的身心变化，多加思考。此外，还要学会体谅别人，这样就可以平安度过青春期。

这是长大成人之前的重要时期！

成年期

答案 ❸ 因为激素

体内分泌的大量激素会使心理和身体失衡。

Q7

青春期
长身体需要什么呢？

❶ 学习 ❷ 玩耍 ❸ 睡眠

孩子贪睡长得快

每个人长身体的速度都不一样，如果在日常生活中不多加注意，就可能导致生长发育停滞。一定要记住最重要的 3 个影响因素：饮食、运动、睡眠。

骨骼和肌肉等器官会在青春期极速生长，使男孩逐渐接近成年男性、女孩逐渐接近成年女性。这期间一定不能挑食，要通过饮食获取均衡的营养。在青春期减肥（p.64）会影响身体发育，因此尽量不要减肥。

有的人可能会因为不擅长就不做运动，殊不知越是长身体的时候，越需要运动。运动可以增加肌肉量，强化呼吸功能，有助于打造强健的体魄。

睡眠不仅可以使身体得到充分的休息，对于青春期长身体也有重要的意义。人的一生中有两次长高的黄金期：第一次是婴儿期，第二次就是青春期。

受到生长激素的影响，骨骼会长长，从而使我们长高。生长激素在晚上睡觉的时候分泌最多。因此，在身体逐渐接近成年人的青春期，一定不要熬夜，要保证充足的睡眠。

俗话说"孩子贪睡长得快"，并非虚言。

影响身体成长的 3 个因素

- 饮食：要注意营养均衡！
- 运动：要适当地运动！
- 睡眠：保证充足的睡眠！

身体会在睡觉时分泌大量生长激素

孩子贪睡长得快！

纵轴：生长激素的分泌量
横轴：早上8点 — 晚上8点 — 早上8点

就寝 ↔ 起床

答案 ❸ 睡眠

学习和玩耍固然重要，但规律的睡眠也是长身体时不可或缺的。

性教育专栏

想要了解更多青春期的烦恼

身体和心理方面的烦恼，很难开口向别人咨询。
本专栏会列举一些青春期常见的烦恼，并为大家一一解答。

想要长高！

虽然孩子的身高主要取决于父母的基因（p.96），但也不能忽视其他影响因素。一般来说，女孩会在 11 岁左右急速长高，而男孩则在 13 岁左右急速长高。在这期间，大家一定要多加运动，还要获取充足的营养，这样才能长高。

长高了吗？

汗毛越剃越浓密吗？

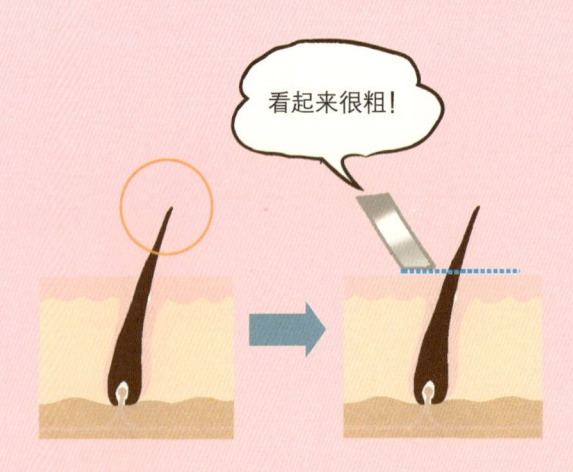

有一种说法是"汗毛越剃越浓密"，其实不然。毛发的根部比尖端粗，如果斜着剃毛，会让毛发的横截面看起来更大，但毛发的数量并没有因此增加。如果想剃汗毛那就剃吧。不过，在用剃刀剃毛时，要记得在皮肤表面涂上肥皂泡等，从而避免剃刀对皮肤造成损伤。

看起来很粗！

痤疮是怎么形成的呢？

在小学高年级到初中这段时期，有的人脸上会长痤疮（也叫青春痘），到了高中则变得更加严重。长痤疮的原因是雄激素促进皮脂分泌，导致皮脂量过多堵塞毛孔，使引起痤疮的痤疮杆菌变得更容易增殖。如果对痤疮置之不理，可能会在脸上留下疤痕，因此要及时进行脸部护理。

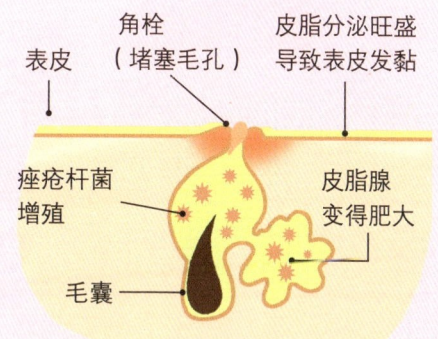

痤疮的成因

- 表皮
- 角栓（堵塞毛孔）
- 皮脂分泌旺盛导致表皮发黏
- 痤疮杆菌增殖
- 皮脂腺变得肥大
- 毛囊

轻柔地清洗！

过度洗脸并不好！

青春期的皮肤很敏感。如果因为在意痤疮，一直用力洗脸，反而会使痤疮加重。洗脸的次数最好控制在每天两次，先将洗面奶充分打出泡沫，再均匀涂抹到脸上，然后用温水冲洗干净，还要注意保湿。

怎么才能消除焦躁不安呢？

大家可能会在青春期时常感到焦躁不安。如果感到有压力，先深呼吸一下，然后客观地思考焦躁不安的原因。如果无法摆脱焦躁不安的情绪，可以尝试做运动，或者做喜欢的事情，从而转换一下心情。一定要学会排解压力。

调节心情很重要！

Q8

女孩体内
有几个卵巢呢?

❶ 1个　　**❷** 2个　　**❸** 3个

要了解自己的身体

身为女孩,你了解过自己的生殖器吗?

生殖器包括两种:一种是位于身体内部的内生殖器,另一种是位于身体外部的外生殖器。女孩的内生殖器是孕育胎儿的重要器官,包括子宫、卵巢、输卵管和阴道。

位于腹部下侧正中央的器官是子宫,它是孕育胎儿的重要场所。

位于子宫两侧的卵状器官是卵巢,卵子就隐藏在卵巢内的卵泡中,成熟的卵子会朝着子宫的方向移动,这就是"排卵"。

输卵管是连接子宫和卵巢的通道,离开卵巢的卵子就是在这里遇到精子的。

阴道是子宫的入口。来月经(p.46)时,经血会从阴道流出,婴儿也是经由阴道出生的。

> **想要了解更多!**
>
> ### 认真
> ### 清洗生殖器
>
> 阴道口是女性的外生殖器,因为距离尿道口和肛门很近,所以容易附着病菌,要用肥皂等清洁用品,轻柔地清洗外生殖器。小阴唇的褶皱上容易藏污纳垢,需要认真清洗。

女孩的生殖器

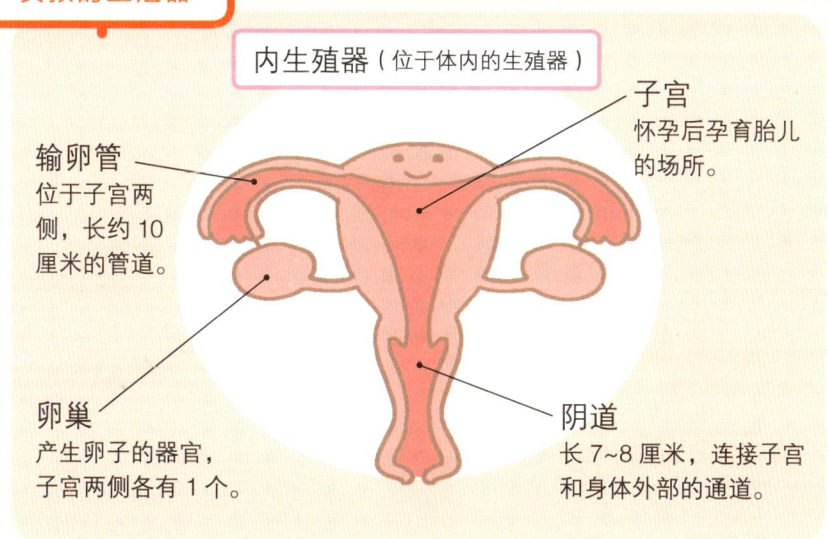

内生殖器（位于体内的生殖器）

输卵管
位于子宫两侧，长约 10 厘米的管道。

子宫
怀孕后孕育胎儿的场所。

卵巢
产生卵子的器官，子宫两侧各有 1 个。

阴道
长 7~8 厘米，连接子宫和身体外部的通道。

外生殖器（体外可以看到的生殖器）

尿道口
排出尿液。

阴蒂
很敏感的部位，受到刺激后会勃起。

大阴唇
上面长有阴毛。

阴道口
经血和婴儿出生时的通道。

小阴唇
褶皱状，可以保护尿道口和阴道口。

肛门
排出粪便。

> 包括内生殖器和外生殖器。

答案 ❷ 2 个

子宫的两侧各有 1 个卵巢，每个月会从其中一侧的卵巢排出卵子。

Q9

来月经是为什么做准备？

❶ 冒险　❷ 怀孕　❸ 成长

每个月都要更换松软的"床"

进入青春期后，女孩会经历很多身体上的变化，其中一个就是月经。

来月经意味着生理上已经具备孕育胎儿的能力。每隔一个月，2个卵巢中的某一个就会朝着输卵管的方向排出1个成熟的卵子。

卵子和精子相遇后，会形成"受精卵"，它是生命的源头。为了迎接受精卵，子宫内膜（子宫内侧的黏膜组织）会变厚，就像在子宫内侧铺了一张松软的床。如果卵子没遇到精子，子宫为受精卵准备的"床"就用不上了。毫无用处的"床"（子宫内膜）会脱落变成经血，流向体外。

子宫每个月都会更换为受精卵准备的"床"，因此才形成了"月经"。

想要了解更多！

月经来之前白带会增多

白带由子宫和阴道的分泌物混合而成，呈白色或黄色，可以起到湿润阴道的作用。在月经到来前的2~3天，白带会增多。

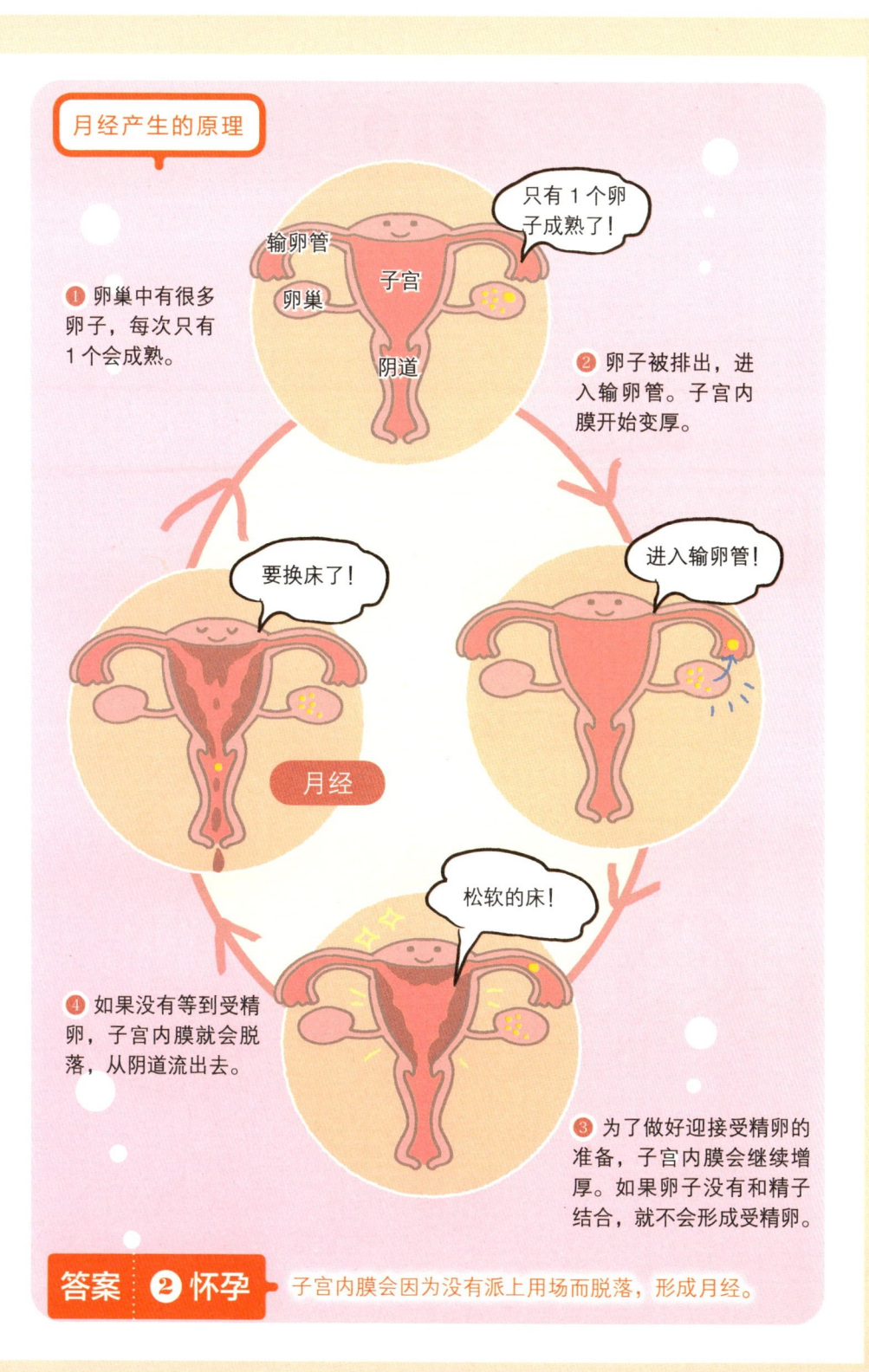

月经产生的原理

❶ 卵巢中有很多卵子，每次只有1个会成熟。

（输卵管、卵巢、子宫、阴道）

"只有1个卵子成熟了！"

❷ 卵子被排出，进入输卵管。子宫内膜开始变厚。

"进入输卵管！"

"要换床了！"

月经

"松软的床！"

❹ 如果没有等到受精卵，子宫内膜就会脱落，从阴道流出去。

❸ 为了做好迎接受精卵的准备，子宫内膜会继续增厚。如果卵子没有和精子结合，就不会形成受精卵。

答案 ❷ 怀孕 — 子宫内膜会因为没有派上用场而脱落，形成月经。

Q10

第一次来月经是在几岁呢?

❶ 10 岁　❷ 15 岁　❸ 不固定

第一次来月经（月经初潮）大约是什么时候？

年龄跨度很大呢！

晚的话在 15 岁左右。

12 岁左右第一次来月经的人最多。

早的话在 9~10 岁。

第一次来月经的时间并不固定。不必和别人比较。

即使第一次来月经的时间比别人晚也不要担心

女孩第一次来月经，叫作"月经初潮"。

月经初潮的时间并不固定。早的话在 10 岁之前，晚的话在 15 岁左右。

有的女孩可能会在月经初潮时，因为看见经血感到恶心。月经初潮是女孩发育成熟的象征，大家要积极看待它。

不要因为身边的朋友都来了月经，自己还没来而担忧。月经初潮的时间会因为每个人的身体发育程度不同有所差异。如果你还没有迎来月经初潮，那么可以学习一下月经产生的原理，做好这方面的心理准备。

虽然无法准确预测月经初潮开始的时间，但如果看见了阴道分泌的白带，就可以大致推断月经初潮即将开始。

如果在学校突然迎来月经初潮，要记得向医务室的老师寻求帮助。一般情况下，学校的医务室都备有卫生巾（p.56）和短裤。

月经初潮的特征

● 月经初潮的时间不是固定的吗？

怎么还不来呀？

月经初潮的时间并不固定，大家无须为此烦恼。

● 白带出现意味着什么呢？

哎呀？

如果出现了黏稠的白带，可能意味着月经要来了。

答案 ❸ 不固定

Q11

女性一生中可以排出多少个卵子呢?

❶ 大约 400 个　　**❷ 大约 4 万个**　　**❸ 大约 4 亿个**

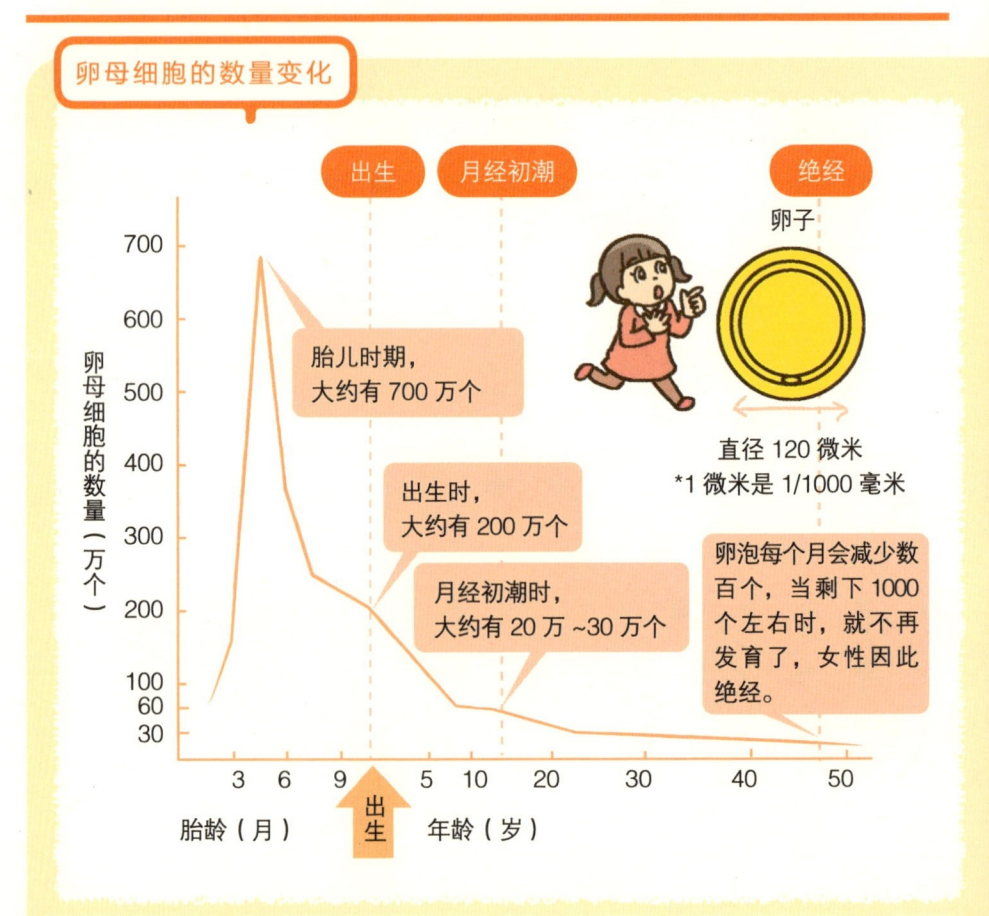

卵母细胞的数量变化

出生　月经初潮　绝经

卵子

直径 120 微米
*1 微米是 1/1000 毫米

胎儿时期，大约有 700 万个

出生时，大约有 200 万个

月经初潮时，大约有 20 万~30 万个

卵泡每个月会减少数百个，当剩下 1000 个左右时，就不再发育了，女性因此绝经。

卵母细胞的数量（万个）：700、600、500、400、300、200、100、60、30

胎龄（月）：3、6、9　　出生　　年龄（岁）：5、14、20、30、40、50

从月经初潮开始，月经会周而复始持续 35 年左右。在这期间，卵巢会排出大约 400 个卵子。

女性一生中排出的卵子只有几百个

卵子由卵母细胞分化而来，胎儿在妈妈子宫里的时候，卵母细胞就已经形成了。实际上，卵母细胞并不是卵巢产生的，卵母细胞在胎儿出生前就被保存在胎儿体内了。胎儿在妈妈的子宫里时，卵母细胞的数量会增加到大约700万个，随着胎龄的增长，卵母细胞会逐渐减少。

刚出生的女婴的卵巢内大约保存了200万个卵母细胞。随着女孩长大，卵母细胞的数量还会不断减少。在女孩迎来月经初潮时，卵母细胞的数量是20万~30万个。到了30岁之后，卵母细胞的数量减少到2万~3万个。而在卵母细胞的数量接近0的时候，女性就会迎来绝经。

在女性的一生中，能发育成熟并被卵巢排出的卵子只有几百个。假设女性周期性来月经的时间是35年，月经周期为30天，那么女性一生中排出的卵子大约有420个。看到这个计算结果，大家应该就能意识到月经的重要性了吧。

一生中能排出多少卵子？

周期性来月经的时间大约是35年

月经初潮 → 35年 → 绝经

假设月经的周期是1个月（30天）

35年 × 12个月 = 420个

答案 ❶ 大约400个

想要了解更多！以前的人来月经的次数没有现代人多？

以前的女性一般会在十几岁时结婚，而且会生6~7个孩子。怀孕期间并不会来月经，哺乳期间也可能不来月经，因此，以前的人来月经的次数只有50~100次。

Q12

乳房的大小是由什么决定的呢？

❶ 肌肉量　❷ 骨量　❸ 脂肪量

根据乳房的发育情况，选择合适的胸罩

　　进入青春期后，女孩的身体不断发育，越来越接近成年女性。除了长高、变重，乳房也开始发育，臀部的脂肪量也会增加，使身材变得圆润。

　　女性的乳房主要由乳腺（能分泌哺育婴儿的乳汁）构成，乳腺外部被大量脂肪包裹。在乳腺发育的过程中，乳房可能会变硬，出现触痛、疼痛等不适感。

　　女孩要在乳房变得明显时，挑选合适的胸罩，保护乳房。胸罩的种类繁多，挑选时要注意选择尺寸合适的，这样才能避免影响乳房发育。如果尺寸不合适，活动时胸罩可能会移位，或者引起乳房瘙痒和疼痛。

想要了解更多！

乳房的大小和形状因人而异

　　乳房的大小、形状，乳头和乳晕的颜色都是因人而异的。有的人可能会因为左右两侧的胸部大小不一样而烦恼，实际上这种情况很常见，完全不需要担心。

乳房的发育和胸罩的选择

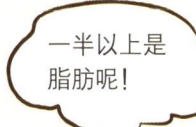

一半以上是脂肪呢!

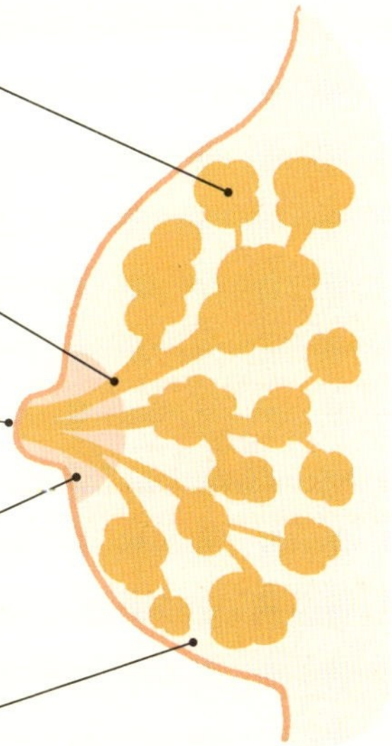

乳腺
能分泌哺育婴儿的乳汁。

乳腺管
运送乳汁的管道。

乳头
乳房前端的凸起。

乳晕
比周围皮肤的颜色更深。

脂肪
女性的乳房结构中一半以上是脂肪。

根据乳房的发育情况，选择合适的胸罩。

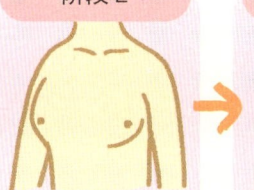

	阶段 1	阶段 2	阶段 3
乳房的发育	乳头周围开始膨胀	横向膨胀	立体式膨胀
合适的胸罩	·抹胸内衣	·半罩杯 ·无钢圈内衣	·发育期专用胸罩（和成人胸罩不一样）

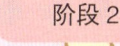

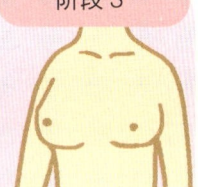

答案 ❸ 脂肪量 — 乳房一半以上是脂肪。

Q13
怎样确定月经周期呢？

❶ 体温计　❷ 血压计　❸ 体重计

量体温可以确定大致的月经周期

月经周期是指从月经的第一天，到下一次月经的前一天之间的时间。月经周期是由孕酮（黄体激素）和雌激素（卵泡激素）这两种女性体内分泌的激素量决定的。我们可以通过测量基础体温来确定大致的月经周期。

基础体温是指早上睡醒后，从床上起来之前（身体运动之前）测量的体温。

通过测量基础体温，可以掌握两个信息：其一，是否处于排卵期；其二，下次月经的大致开始日期。

女性来月经后，体温会下降（低温期）。大约两周后开始排卵，体温随即上升（高温期）。如果高温期持续10天以上，就可以确定女性正处于排卵期。此外，如果怀孕了，月经会在胎儿出生前暂时停止，但是高温期会一直持续。

月经初潮时，月经周期还不稳定，等月经逐渐变得规律，就可以预测下次月经大概什么时候会来了。

月经周期因人而异，大家可以在日历上记下相关日期，从而推算出自己的月经周期。现在，还可以在智能手机和平板电脑上下载免费的应用程序，用来记录月经周期和基础体温。

通过测量基础体温，来确定月经周期

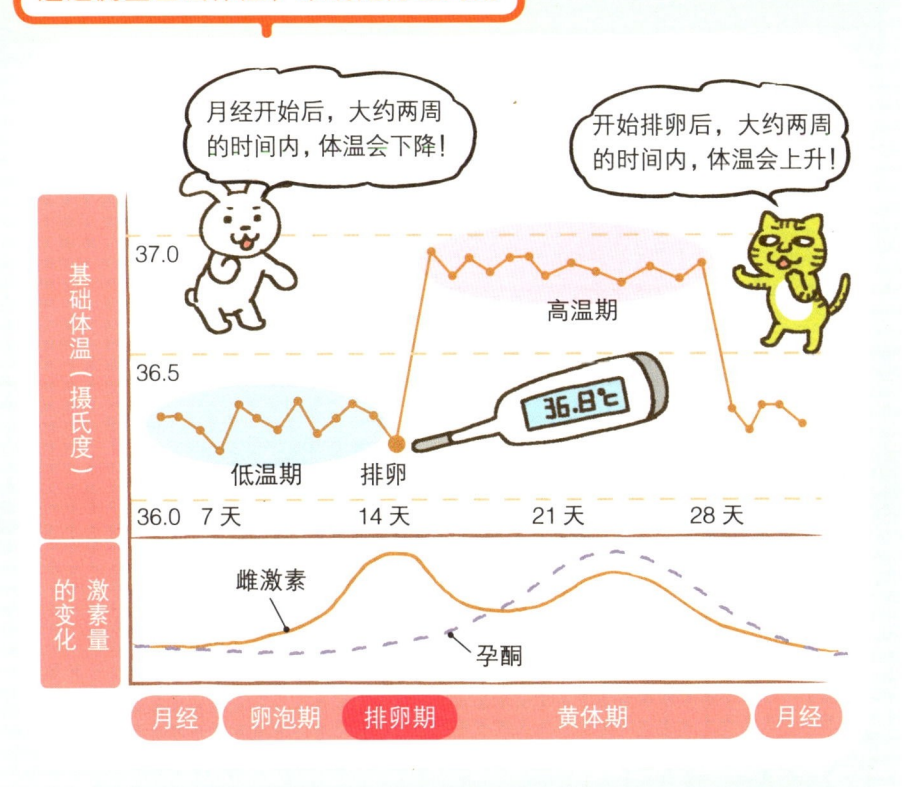

月经开始后，大约两周的时间内，体温会下降！

开始排卵后，大约两周的时间内，体温会上升！

基础体温（摄氏度）

37.0

高温期

36.5

低温期　排卵

36.0　7天　　14天　　21天　　28天

激素量的变化

雌激素

孕酮

月经 ｜ 卵泡期 ｜ 排卵期 ｜ 黄体期 ｜ 月经

基础体温的测量方法

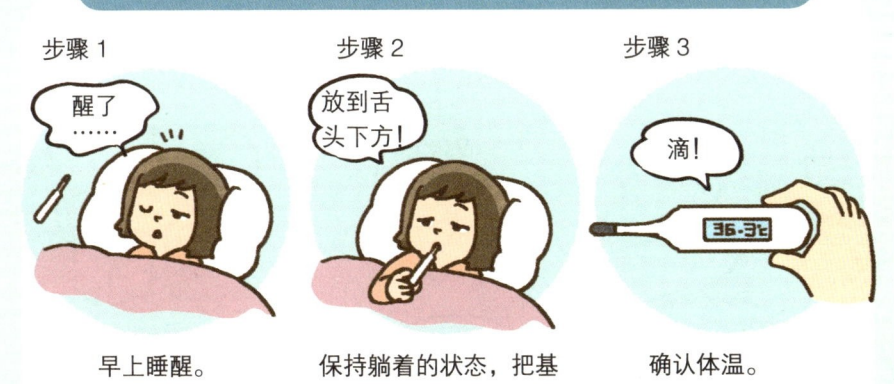

步骤1

醒了……

早上睡醒。

步骤2

放到舌头下方！

保持躺着的状态，把基础体温计放到舌头下方。

步骤3

滴！

确认体温。

答案　❶ 体温计

关键是要在早上刚睡醒，还没有运动的状态下测量。还要用基础体温计测量。

Q14

下面哪一个不是月经卫生用品呢?

❶ 卫生巾　❷ 手帕　❸ 卫生棉条

卫生巾的使用方法

❶ 撕开外包装纸上的胶带,摊开卫生巾。

❷ 将有胶的一侧贴在内裤的正中央。

使用有护翼的卫生巾时,要记得反折护翼并贴好!

可以把卫生巾放进化妆包里,随身携带!

❹ 提上内裤,确保卫生巾贴合身体。

用厕纸包裹好

❸ 如果把用过的卫生巾扔进冲水马桶,可能会导致排水管堵塞,水会漫出来。要记得把用过的卫生巾包好后扔到垃圾桶里。

选择适合自己的月经卫生用品

在月经初潮之前，大家就要准备好来月经时使用的月经卫生用品。

最常使用的月经卫生用品，是来月经时吸附经血用的卫生巾。

卫生巾的种类多样，要选择适合自己的卫生巾，并根据需求使用不同的卫生巾。比如，在月经量大和睡觉的时候要使用长款卫生巾，在运动的时候要使用带护翼的卫生巾。如果皮肤容易过敏，选择卫生巾时还要注意材质。

外出时，可以把卫生巾放进小的化妆包里，方便随取随用。可以按使用量提前准备好当天所需的卫生巾。

如果在洗手间里看到别人用过的卫生巾摊开扔在垃圾桶里，你会感觉不舒服吧？大家要记得把用过的卫生巾向内卷起，然后用新打开的卫生巾外面的防水包装纸包裹用过的卫生巾，再用厕纸包一下，最后扔到垃圾桶里。这样一来，下一个使用洗手间的人也会觉得心情舒适，大家一定要注意这一点。

月经量多时，要使用大容量的卫生巾，或者勤换卫生巾，以免发生尴尬的事。

其他卫生用品

● **布质卫生巾**
触感舒适，清洗后可以重复使用的卫生巾。

● **卫生裤**
带有插袋，可以防止卫生巾移位的内裤。

● **卫生棉条**
放入阴道中吸收经血的月经卫生用品。

答案 ❶ 卫生巾

最常使用的月经卫生用品是卫生巾。

Q15

来月经时流出的血量大概有多少呢？

❶ 50毫升　❷ 500毫升　❸ 5升

月经量没有正常与否的标准

如同长相不同，每个女孩的月经情况也各不相同。

在月经初潮后的几年内，月经周期可能会不稳定。成年后，月经的频率大多会稳定在一个月一次。这里说的"一个月"并非固定数值，其上下幅度在25~38天之间。而月经的持续时间，一般是3~7天。

经血不是一下子全部流出来，而是在几天的时间内一点点流出来。如果把月经持续期的所有血量加起来，一般是50~100毫升。简单来说，月经第一天的血量很少，第二天会增多，第三天之后血量就会逐渐减少。月经持续期流出的全部血量相当于大汤勺3~7勺的容量。听到这里，大家可能会感觉很意外吧。

如果之前的月经一直很稳定，却连续3个月以上没有来月经，一定要将此事告诉家长，或者向妇产科医生咨询。

想要了解更多！

月经初潮后的几年，是月经的练习期

这期间来的月经并不稳定，可能两天就结束了，也可能持续10天才结束，大家不必为此担心。不过，如果在几年之后，月经还是时长时短，就要向医生咨询了。

关于月经的很多疑问

● 什么是月经周期呢？

| 月经 | 卵泡期 | 排卵期 | 黄体期 | 下一次月经 |

月经周期

从月经开始的第一天，到下一次月经的前一天这段时间。

正常周期是 25~38 天！

月经周期因人而异，正常的月经周期是 25~38 天。在青春期，月经周期还不稳定，不过一般在 20 岁之前会变得稳定。

● 月经会持续几天呢？

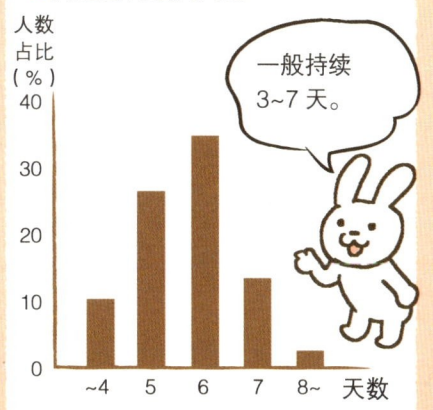

一般持续 3~7 天。

一般持续 3~7 天。经血不是一下子全部流出来，而是在几天的时间内一点点流出来。

● 经血量大概有多少呢？

经血量少的人……

没想到这么少呢！

经期流出的全部血量加起来有 50~100 毫升（相当于大汤勺 3~7 勺）。

● 每一天的经血量都不一样吗？

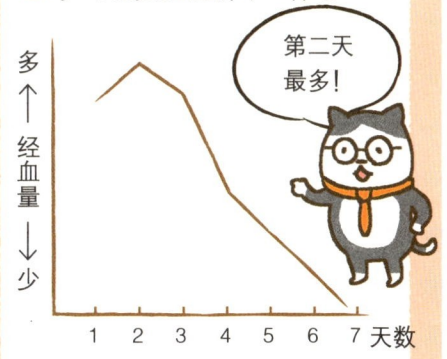

第二天最多！

一般来说，月经第一天的血量很少，第二天会增多，第三天之后又会逐渐减少。

答案 ❶ 50 毫升　经血量少的人大致是这么多。

Q16

来月经时会出现什么症状呢?

❶ 腹痛　❷ 情绪低落　❸ 两种都有

什么是痛经?

❶ 痛经的源头——前列腺素分泌过多。

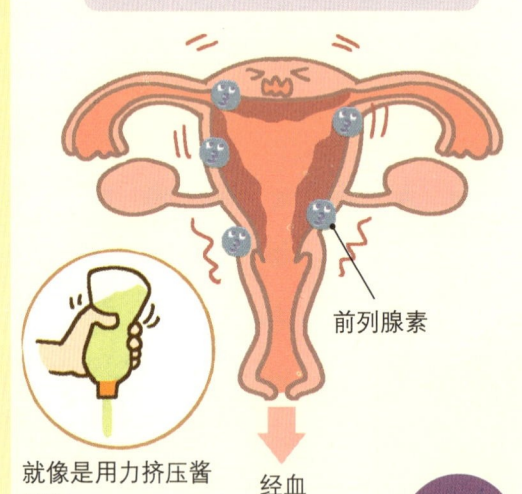

前列腺素

经血

就像是用力挤压酱料瓶。

痛经

❷ 前列腺素促使子宫收缩,挤压出经血。

痛经会达到什么程度?

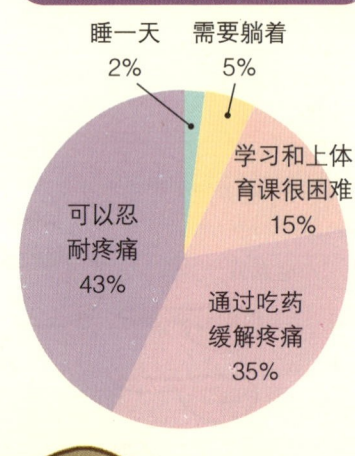

- 睡一天 2%
- 需要躺着 5%
- 学习和上体育课很困难 15%
- 通过吃药缓解疼痛 35%
- 可以忍耐疼痛 43%

好疼啊!

痛经的难受程度每个人都不一样

月经会给身体带来很多影响，具体的症状和程度每个人都会不一样。

出现最多的症状是腹痛、腰痛和头痛。除此之外，很多人会感觉情绪低落，或者是情绪变得很不稳定。另外，如果经血量过多，还可能会引发贫血，脸色会变得很难看，甚至会引起头晕。

经期子宫收缩，脱落的子宫内膜会随着经血被排到体外。促使这一过程发生的激素是前列腺素。如果前列腺素分泌过多，就会引起腹痛。另外，受月经影响，子宫周围的血液流动会变得不顺畅，使以骨盆为中心的部位出现疼痛。

痛经的程度每个人都不一样，不痛经的女性有时可能无法理解痛经是什么。尤其是十几岁的女孩，她们的子宫口很狭窄，经血很难流出，因此相对容易出现痛经。

如果感觉很痛，可以到药店购买止痛药服用（遵医嘱），还可以使用一次性暖宝宝或者腹带为腰部保温，也可以通过泡澡放松身心（泡澡要以安全、卫生为前提），这样有助于减轻痛经的痛苦。

可以通过以下方法减轻疼痛的感觉

保温很关键！

提高身体温度。

好舒服。

放松身心。

答案 ❸ 两种都有

痛经的症状和程度每个人都不一样，腹痛和情绪低落的程度也不一样。

Q17

来月经前出现的身体不适叫什么？

❶ PMS　❷ PTA　❸ SML

有的人在来月经前比来月经时更难受

有人可能会在来月经前感觉焦躁不安、情绪低落，乳房也可能会肿胀。

以上这些身体不适都属于经前综合征（Premenstrual Syndrome，PMS）的症状。

经前综合征是指女性来月经前3~10天发生的身体不适。来月经后，这些症状就会减轻，最终消失。

实际上，医学界对为什么会出现经前综合征还没有定论，可能是受到孕酮和雌激素分泌量急剧变化的影响。

经前综合征不仅包括身体方面的不舒服，还伴随很多精神方面的症状。身体方面的不舒服，包括胸部和下腹部肿胀疼痛、头痛、手脚浮肿、体重增加等。精神方面的症状有情绪低落、不安、易怒等。要想有效地减轻经前综合征的症状，一定要注意规律生活，均衡饮食。

每个人身上出现的经前综合征的症状都不一样。就算是同一个人，每个月出现经前综合征的症状也可能会不一样。但是，可以确定的是，有的人来月经前比来月经时更难受。如果出现很严重的症状，一定要记得向医生咨询。

PMS 都有什么症状？

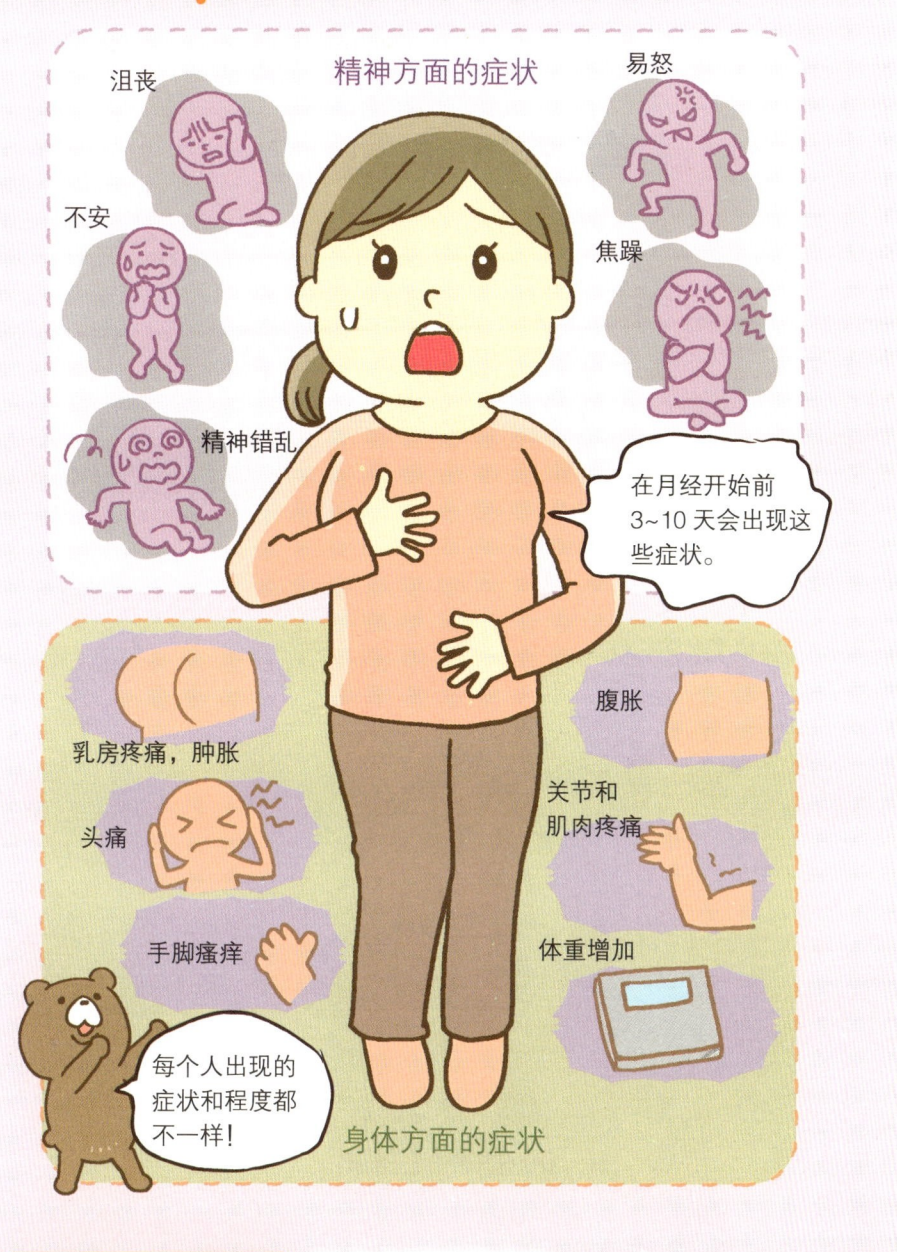

精神方面的症状

- 沮丧
- 不安
- 精神错乱
- 易怒
- 焦躁

在月经开始前 3~10 天会出现这些症状。

身体方面的症状

- 乳房疼痛，肿胀
- 头痛
- 手脚瘙痒
- 腹胀
- 关节和肌肉疼痛
- 体重增加

每个人出现的症状和程度都不一样！

答案 ❶ PMS

PMS 也叫经前综合征，每个人出现的症状和程度都不一样！

Q18

可以在青春期减肥吗？

❶ 可以　❷ 最好不要

在青春期减肥，一定要谨慎！

这一时期减肥并不好！

瘦一点，再瘦一点！

容易出现月经异常

可能会出现进食障碍

可能会在将来出现骨质疏松症

影响长个

雌激素的分泌会变得紊乱！

脂肪并不一定是不好的

有的女孩会羡慕很瘦的女性，并产生"我也想要变成这样"的想法，于是强迫自己减肥。

青春期是重要的成长阶段，在此期间减肥基本上不会有什么好处。如果青春期没有摄取足够的营养，可能会在将来对健康产生不好的影响。

脂肪细胞能促进雌激素分泌。过度减肥会使身体缺乏必需的脂肪，导致月经紊乱，甚至停止。这样看来，保证一定的脂肪比例是很有必要的。雌激素还具有促进骨骼生长的作用，减肥不利于形成强韧的骨骼。

我们常常误以为脂肪是身体不需要的东西，想把它减掉。实际上，脂肪对人体具有重要的意义。

如果执意想要减肥的话……

降低减肥的强度。

不要勉强！

慢节奏

一定要吃好一日三餐！

千万不要不吃饭。

答案 ❷ 最好不要

青春期减肥会给月经带来不好的影响。

想要了解更多！

男孩可以在青春期减肥吗？

男孩最好也不要在青春期勉强自己减肥。过度减肥会使精子的数量减少，还会影响骨骼发育。

解答女孩关于"身体和性"的疑问

性教育专栏

在青春期，女孩的身体会产生急剧的变化。很多女孩可能会因此感到手足无措。

Q 经期可以游泳或泡澡吗？

有的人可能会认为经期泡澡会把洗澡水弄脏。实际上，在水压作用下经血很难流出来。所以，经期也可以在干净的浴缸里安心地泡澡，淋浴当然也没问题。如果去游泳池游泳，可能会使体温降低，或者引发感染，因此去游泳之前要记得向医生咨询。

A 泡澡或游泳都没问题，不过要首先确认自己的身体状况。

Q 在哪里可以买到月经卫生用品呢？

有的女孩会因为第一次去店里给自己买卫生巾等卫生用品感到不好意思。其实，这是一件很普通的事，你可以放心大胆地在店里选购适合自己的月经卫生用品。卫生巾等月经卫生用品在便利店就能买到。缓解痛经症状的止痛药，要在家长的陪同下去医院或者药店购买。

A 可以在药店和便利店买到。

Q 经血流到内裤上怎么办？

突然来月经或者发生侧漏，都会让经血流到内裤上。弄脏的内裤要及时换掉并用洗涤剂和温水揉搓清洗。用洗衣机清洗很难把经血洗干净，机洗之前，要记得手洗一遍。

A 要养成手洗内裤的习惯。

Q 青春期的烦恼应该向谁倾诉呢？

妇产科和泌尿科的医生不仅能为病人解答怀孕、分娩的问题，也能为青少年解答青春期遇到的种种问题，关于月经的烦恼就可以找医生咨询。不要因为羞于见妇产科医生而回避问题，可以先将烦恼告诉亲人，再考虑要不要去妇产科。

A 咨询妇产科和泌尿科的医生，以及亲人朋友。

Q19

为什么阴囊长在人体外部呢?

❶ 因为很大　❷ 因为很重　❸ 因为需要冷却

认识阴囊

和女孩一样,男孩的生殖器也有两种:位于身体外部的外生殖器,以及位于身体内部的内生殖器。

在日常生活中,我们经常会听到"小鸡鸡"和"蛋蛋"这种叫法,它们的正式名称分别是"阴茎"和"阴囊"。大家不仅要记住它们的正式名称,还要认真了解它们的结构。

阴囊中既有可以产生精子、分泌激素的睾丸,还有可以存储精子的附睾。睾丸是重要的生精器官,却同阴囊一起暴露在身体外部,这是为什么呢?

实际上,男孩的睾丸和女孩的卵巢一样,出生之前就已经形成。但是,精子很不耐热,只有在比体温低4摄氏度的地方才能产生,睾丸因此移动到了身体外部。阴囊会在炎热的时候伸展,寒冷的时候紧缩,这样就可以起到调节温度的作用。

阴茎不仅能排尿,还具有勃起(p.78)后射出精子的功能。覆盖在阴茎外部的包皮可以保护敏感的阴茎头。位于阴茎前端的尿道口是排出尿液和精液的地方。

男孩的生殖器

内生殖器（位于体内的生殖器）

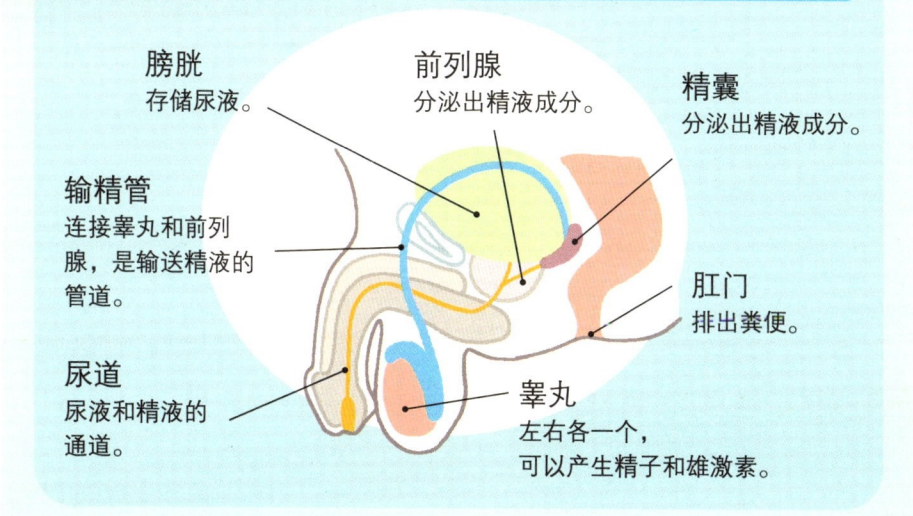

膀胱
存储尿液。

前列腺
分泌出精液成分。

精囊
分泌出精液成分。

输精管
连接睾丸和前列腺，是输送精液的管道。

肛门
排出粪便。

尿道
尿液和精液的通道。

睾丸
左右各一个，可以产生精子和雄激素。

外生殖器（可以在体外看到的生殖器）

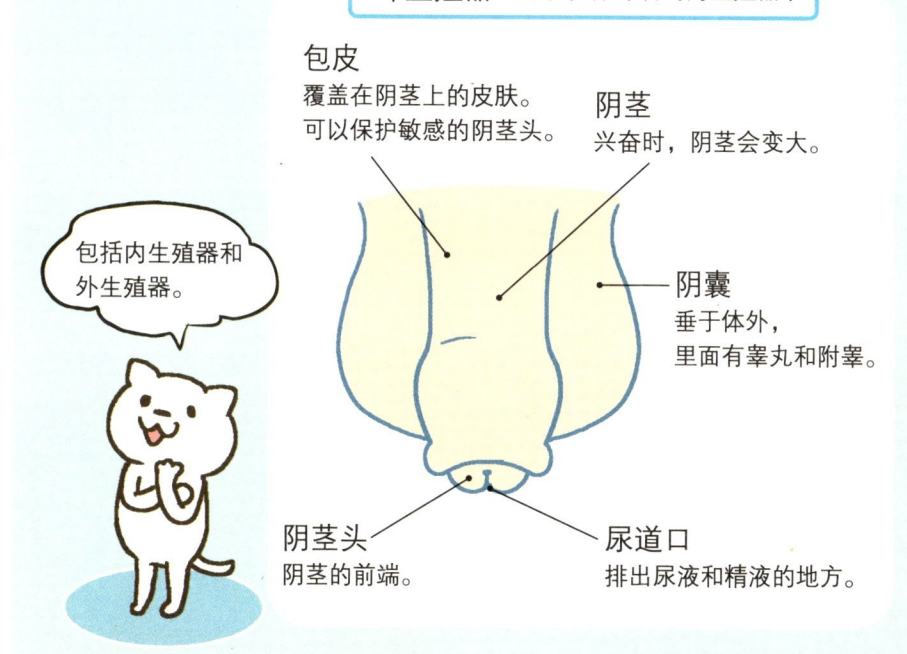

包皮
覆盖在阴茎上的皮肤。可以保护敏感的阴茎头。

阴茎
兴奋时，阴茎会变大。

阴囊
垂于体外，里面有睾丸和附睾。

阴茎头
阴茎的前端。

尿道口
排出尿液和精液的地方。

包括内生殖器和外生殖器。

答案 ❸ 因为需要冷却
如果温度过高，精子就会被杀死。因此，需要将睾丸放到体外冷却。

Q20

男性和女性比较，谁的尿道更长？

❶ 一样长　❷ 男性　❸ 女性

男性和女性的尿道长度以及功能是不一样的

因为身体结构不同，男女的排尿姿势也不一样。男性一般站着排尿（也有坐着的），女性则坐着排尿。

成年男性的尿道长度是16~20厘米。储存在膀胱里的尿液流经阴茎，最后从尿道口呈线状排出。

成年女性的尿道长度是3~4厘米，比男性短很多。储存在膀胱里的尿液经过很短的尿道，便从尿道口流出去了。因为尿道短，女性排尿时，尿液容易飞溅。

男性的尿道是尿液和精液流经的通道，而女性的尿道只是尿液流经的通道。男性和女性的尿道，不仅长度不一样，功能也不一样。

想要了解更多！

女性要注意膀胱炎！

女性的尿道比较短，阴道和肛门的距离很近，这一身体结构导致细菌很容易从尿道口进入体内。如果细菌进入膀胱，会引发膀胱炎等疾病。因此，日常清洁就显得尤为重要。

男性和女性的尿道有什么不一样呢?

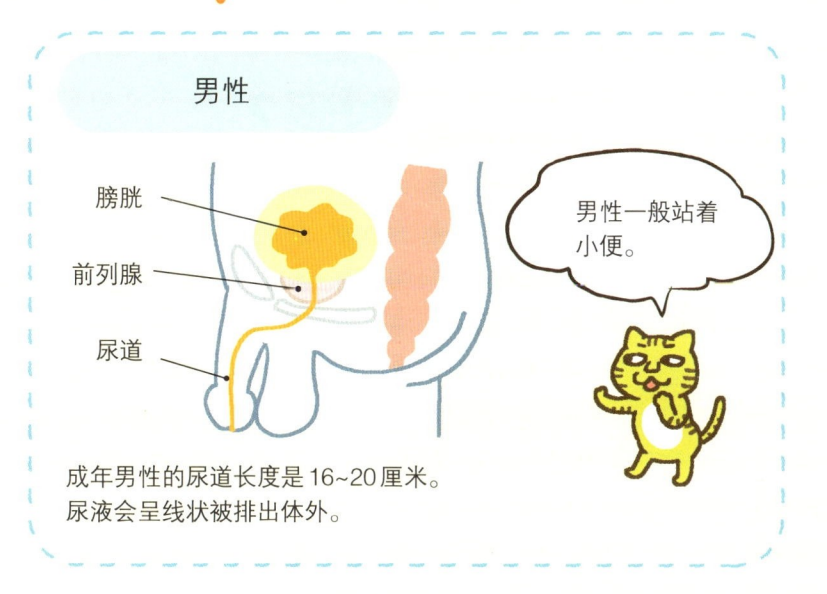

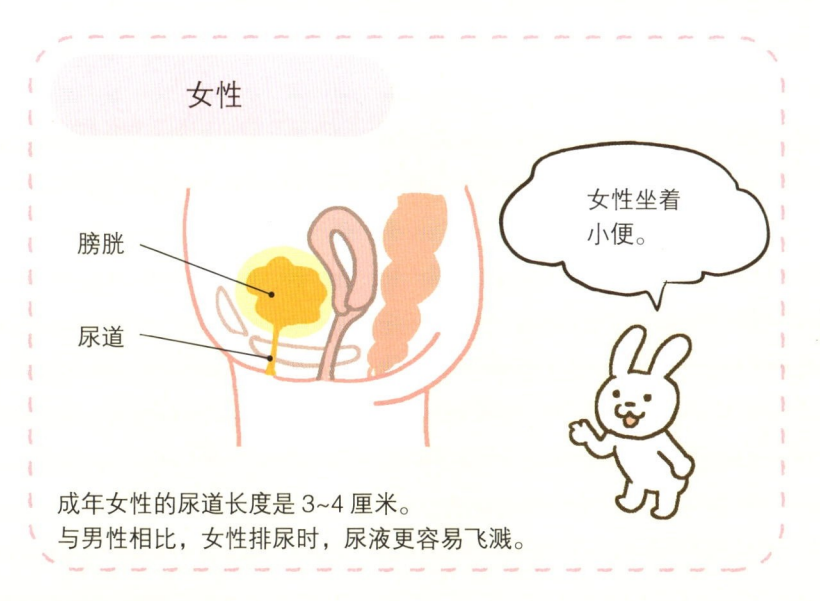

男性

膀胱
前列腺
尿道

男性一般站着小便。

成年男性的尿道长度是 16~20 厘米。
尿液会呈线状被排出体外。

女性

膀胱
尿道

女性坐着小便。

成年女性的尿道长度是 3~4 厘米。
与男性相比,女性排尿时,尿液更容易飞溅。

答案 ❷ 男性　男女的尿道长度差别很大,排尿姿势也不一样。

Q21

首次遗精是在几岁时呢?

❶ 12 岁　❷ 16 岁　❸ 不固定

首次遗精（初精）大概是在什么时候呢？

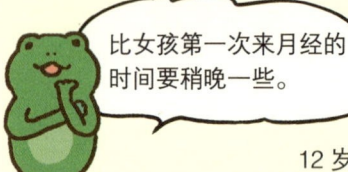

比女孩第一次来月经的时间要稍晚一些。

最晚可能会到 18 岁左右。

12 岁左右最多。

最早是在 10~11 岁。

答案　❸ 不固定

有来得早的人，也有来得晚的人。因此，不需要和其他人进行比较。

就算比别人来得晚，也不需要担心

女孩在青春期会经历月经初潮，而男孩在青春期也会经历一件事，那就是"初精"。

进入青春期，男孩的睾丸就会开始具备产生精子（p.74）的功能。而在某个时间点，男孩的阴茎前端（尿道口）会在勃起（p.78）的状态下流出白色黏液。

该黏液就是负责运送精子的精液。精液从阴茎中排出的过程叫作"射精"，而第一次射精叫作"初精"。

关于初精的提示

● 初精来的时间并不固定

我是不是来太晚了？
我已经来了·
我也是

大家不需要和其他人比较，也不用为此感到焦急或担心！

● 也有人注意不到

这么说起来……

也有人不清楚自己到底是什么时候迎来了初精。

迎来初精的年龄，最早是 10~11 岁。从 12 岁左右开始，出现初精的人会越来越多，有的人可能会到 18 岁左右才迎来初精。也有很多人不清楚自己到底是什么时候迎来了初精。

迎来初精的时间并不是固定的，即使初精来得晚，也不需要感到焦急，顺其自然就好。

具备了产生精子的能力，就意味着男孩有了生育的能力。这是朝着长大成人的目标迈出了一大步，因此初精是一件很值得庆贺的事情。它不是不干净的东西，不要因为它的到来感到羞耻。

Q22

一天内产生的精子数量和下面哪一个数值差不多呢？

❶ 小城市的人口　❷ 国家的人口　❸ 地球的人口

睾丸每天产生的精子数量

睾丸1天内可以产生5000万~1亿个精子。精子会从睾丸向附睾、输精管移动。

精液主要由精子、精囊腺和前列腺的分泌液组成。

一次射精会排出2~4毫升精液，不到一小勺（5毫升）的量。射精时排出的精液绝大部分是精囊腺和前列腺的分泌液，只有1%是精子（1亿~4亿个）。

精子的形状就像小蝌蚪，长度大约为60微米。这个长度和3根头发的粗细差不多。精子的头部是传递遗传信息的"精子核"，中间是精子的能量源（线粒体），后面是尾部。精子通过不断扭动尾部，向前运动。

想要了解更多！

排出体外的精子是何时产生的？

精子是由睾丸中的曲细精管（细长且弯曲的管道）产生的，大约需要70天。精子产生后会被运送到附睾中储存，并在那里逐渐成熟，静静地等待排出体外的瞬间。

这就是精子

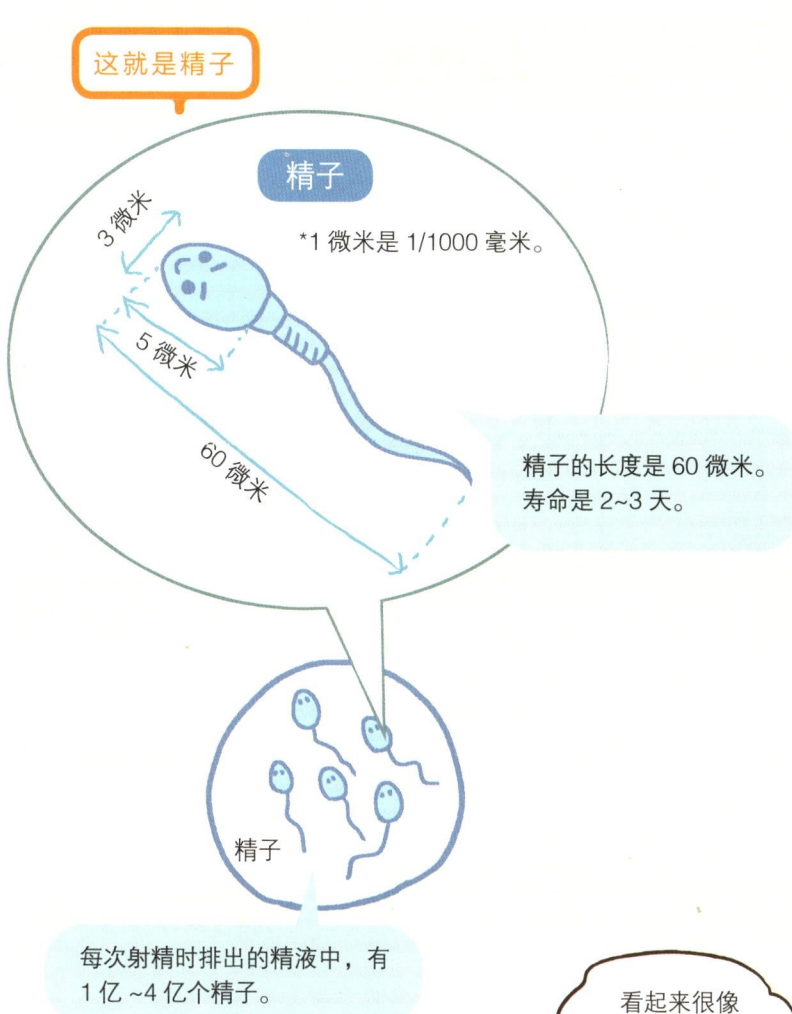

精子

*1 微米是 1/1000 毫米。

3 微米
5 微米
60 微米

精子的长度是 60 微米。寿命是 2~3 天。

精子

每次射精时排出的精液中，有 1 亿 ~4 亿个精子。

每次射精时会排出 2~4 毫升的精液。

1 天内可以产生的精子数量是 5000 万 ~1 亿个。

看起来很像蝌蚪吧！

蝌蚪

答案 ❷ 国家的人口

小城市的人口不超过 50 万。
人口超过 5000 万但不足 1 亿的国家有十几个。

Q23

阴茎什么时候会勃起呢？

❶ 兴奋的时候　❷ 早上睡醒时　❸ 两种情况都有

阴茎勃起的原因

性交的目的之一是将精子送到卵子附近，完成受精并孕育新的生命。

为了完成运送精子的任务，阴茎必须变大变硬，这样才能顺利插入阴道中。阴茎之所以会在青春期勃起，是为了保证成年后孕育下一代而做的练习。

阴茎不仅会在兴奋或者受刺激时勃起，早上睡醒之际也会无意识地勃起，这种现象叫作"晨勃"。出现晨勃并不一定是因为梦见了什么，它只是一种正常的生理现象。遇到这种情况，可以借着去洗手间小便的机会冷静一下，过一会儿晨勃就会停止。

想要了解更多！

晨勃为什么会在早上出现呢？

睡眠包括快速眼动睡眠（浅度睡眠）和非快速眼动睡眠（深度睡眠），这两种睡眠状态会在睡觉时循环很多次。勃起一般发生在快速眼动睡眠状态下，而早上快睡醒时大多处于快速眼动睡眠状态，所以才会在此时出现晨勃现象。

何时会出现勃起

兴奋的时候

如果看到或想到性方面的场景，就会出现勃起。

哎呀?

还有这种情况……

睡觉的时候

好困……

受到刺激的时候

哎呀!

答案 ❸ 两种情况都有

除了胡思乱想变得兴奋会勃起之外，睡醒的时候也会出现勃起现象。

Q24

阴茎勃起的时候，是什么使阴茎变硬呢？

❶ 骨头　❷ 血液　❸ 肌肉

兴奋的时候，血液会流入阴茎

人体有 200 多块骨头，手指和脚趾上都有骨头。那么，阴茎里也有骨头吗？

男性兴奋时，原本松弛的阴茎就会坚挺起来，这个现象叫作"勃起"。

阴茎为什么会勃起呢？

实际上，男性的阴茎里面并没有骨头。

阴茎里面有一根尿道海绵体，还有两根阴茎海绵体，海绵体里面聚集了很多细小的血管。所以，阴茎是一个呈海绵状的器官。如果受到性刺激而变得兴奋，大量血液就会流入海绵体。

海绵体外面由一层坚韧的膜包裹着，只能膨胀到一定程度，因此阴茎会因为血液的压力而变硬。这就是勃起的原理。

勃起时，阴茎会增大到平时的 1.5 倍左右。

当因为射精等原因使得性刺激引起的兴奋感消失时，海绵体内的血液就会变少，勃起状态也会消失。

除了胡思乱想的时候，放松或者疲劳的时候，也会发生勃起。

> 勃起的原理

平时

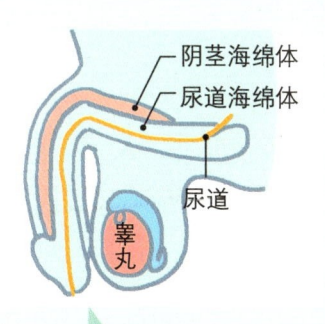

- 阴茎海绵体
- 尿道海绵体
- 尿道
- 睾丸

海绵体

萎缩

海绵体是像海绵一样的组织，平时处于萎缩状态。

勃起时

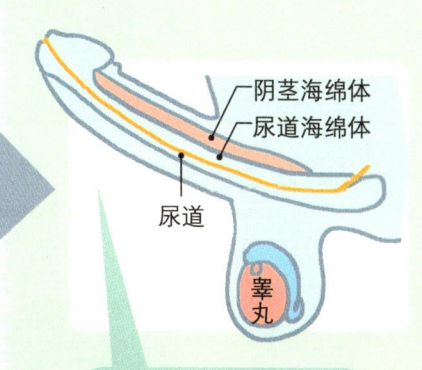

- 阴茎海绵体
- 尿道海绵体
- 尿道
- 睾丸

海绵体

膨胀

血液

血液流入海绵体，阴茎就会变大变硬。

答案 ❷ 血液

阴茎里面没有骨头。
阴茎变硬是因为血液流入阴茎。

Q25

阴茎大概有多大呢?

❶ 5厘米　❷ 10厘米　❸ 因人而异

> 阴茎的大小和形状会因人而异

大吗?

正常吧?

小吗?

都不一样才正常!

就像男孩的长相都不一样,男孩的阴茎大小和形状也不一样。不需要和其他人比较!

答案　❸ 因人而异　阴茎的大小和形状存在个体差异。

就像男孩的长相都不一样，阴茎的样子也因人而异

也许有的人会认为"阴茎还是大一点比较好"，这是错误的想法。实际上，并不是说阴茎大了就好，也不是说阴茎小了就不好，关于"阴茎多大才算正常"这个问题，并没有一个标准的答案。

阴茎有的大，有的小，有的长，有的短，有的可能向左偏，有的则向右偏，颜色可能也不一样。阴茎各有不同，根本不需要和别人比较，并因此烦恼。

也有很多男孩因为"包茎"而烦恼。阴茎头下面的包皮具有保护阴茎头的作用。包皮包裹着阴茎头的状态，就是包茎。包茎并不是异常的情况，随着成长发育的进行，男孩可以用手自行拨开包皮，露出阴茎头。

阴茎头和包皮之间容易藏污纳垢，洗澡时要认真清洗。

阴茎的清洗方法

❶ 用手轻柔地拨开包皮。

❷ 用温水清洗阴茎前端。

❸ 把包皮恢复原状。

要认真清洗哦！

Q26

一直忍着不射精的话，会发生什么呢？

❶ 不知不觉中流出   ❷ 蓄积   ❸ 被吸收

射精的原理

❹ 精囊会分泌出可以形成精液的液体。

❺ 前列腺中分泌的液体，会使精子更加活跃。

❻ 完成射精准备之后，精液就会被输送到尿道。

> 精囊可以吸收多余的精液。

> 出来了！

❼ 尿道伸缩，从尿道口射出精液。

❸ 精子通过输精管向前进发。

❶ 精子在睾丸中形成。

❷ 精子被暂时存储在睾丸旁边的附睾中。

答案　❸ 被吸收　就算一直忍着不射精，也不会撑破精囊。

不管是射精还是不射精，都没关系

男孩的睾丸会在青春期时开始形成精子。在这以后，每天都会不停地形成精子。

尿液可以存储在膀胱中，经过一段时间的积累，当达到一定容量就必须排出体外。那么，精液也和尿液一样吗？

实际上，就算一直忍耐着不射精，精液也不会蓄积。精子在睾丸中形成后，就算不射精，也会保持一定活性。经过一段时间，精子就会自然分解，并被身体吸收。

如果想要射精时忍耐着不射，可能会变得焦躁不安。这时候，可以通过自慰（p.87）等方法促使射精。总而言之，射精或者不射精都是可以的。

在因为兴奋而射精之前，尿道口会分泌出透明的碱性液体——尿道球腺液。尿道球腺液可以在精液经过尿道之前，中和尿道里因为尿液残留而呈现的酸性环境，从而保证精子可以安全通过。

尿道球腺液中含有一些精子，可能会使女性怀孕。

关于射精的提示

就算不射出来也没关系

没关系吗？！

精子虽然会不停地产生，但是也会自然分解，因此就算不射精也没关系。

精液并不脏

怎么办啊……

就算内裤上沾了精液，也不要沮丧！

Q27

尿液会和精液一起从尿道流出来吗？

❶ 会　❷ 不会

尿液和精液是由两种肌肉控制排出的

男性的尿液和精液是从阴茎前端的尿道口排出的。

肾脏输送出来的尿液会暂时储存在膀胱中。当膀胱中的尿液装满时，尿液就会通过尿道口被排出。

在睾丸中形成的精子会通过输精管，从前列腺内侧进入尿道，并从尿道口出去。

尿液和精液是从同一个地方排出的，它们会混在一起吗？

实际上，尿液和精液不是同时排出去的。这是因为尿液和精液的交汇处附近有两块括约肌，它们可以准确地控制尿液或者精液通行。

阴茎勃起（p.76）并射精时，精子会进入尿道中的前列腺。这时候，膀胱附近的括约肌会收缩。这就相当于，为了防止尿液和精液混杂在一起，括约肌关上了阀门。因此，射精时是无法排出尿液的。同理，排尿的时候，膀胱附近的括约肌会松弛，然后排出尿液。

人体真的有很多奇妙的结构呢！

尿液会和精液混在一起吗?

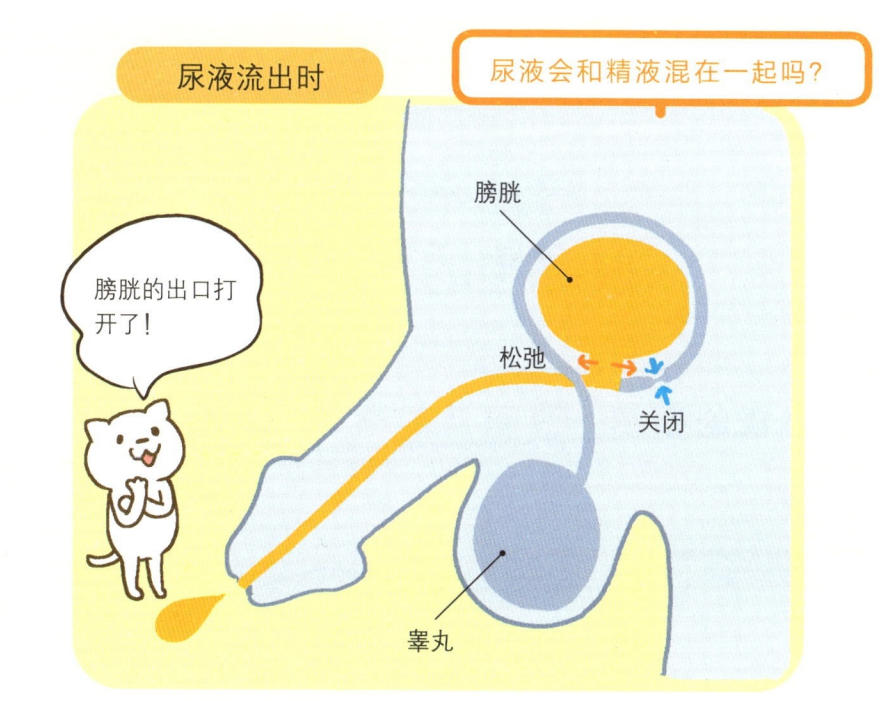

尿液流出时

膀胱的出口打开了!

- 膀胱
- 松弛
- 关闭
- 睾丸

精液射出时

这时候,尿液是无法从膀胱出去的!

禁止通行

- 膀胱
- 关闭
- 松缓
- 睾丸

答案 ❷ 不会 —— 两块肌肉可以准确地控制排尿或射精。

Q28

对性感兴趣是很奇怪的事情吗？

❶ 奇怪的事情　　❷ 害羞的事情　　❸ 很自然的事情

对性感兴趣一点也不奇怪！

想要和喜欢的人交往！

满脑子都是她！

不由自主地胡思乱想……

幻想甜甜的亲吻……

答案　❸ 很自然的事情

不管是男孩还是女孩，对性感兴趣一点也不奇怪。

不论男女都会对性感兴趣，这是自然现象

处于青春期的未成年人对异性的身体感兴趣，这是很自然的欲望。想到和性相关的事情，也是长大成人之前的重要阶段。

尚未充分掌握性知识的未成年人如果接触到淫秽信息，会怎么样呢？这会毒害未成年人的身心健康，错误地将原本需要尊敬并关心的异性当作满足性欲的工具。

不管是什么样的人，都会有欲望。不过，一个合格的成年人可以控制好自己的这些欲望。假如不能控制好自己的欲望，而是被欲望控制着行动，就可能会伤害到其他人。

大家现在正处于心理和身体逐渐成熟的阶段，千万不要被身边的错误信息误导，而是要掌握正确的知识。

有性欲是理所当然的事情。就算是自慰（刺激自己的生殖器，从而带来快感的行为。要建立在安全、私密、卫生的基础上，切记不能太用力），也并不是奇怪的事情。

虽然对性感兴趣并不奇怪，但是……

● 不要相信网络上的错误信息！

是这样吗？

● 朋友说的也并不一定准确！

我跟你说……

真的吗？

性教育专栏

解答男孩关于"身体和性"的疑问

男孩对身体的疑问，多与生殖器和遗精有关。尤其是包茎，很多人会因此而烦恼。

Q 包茎必须治疗吗？

"真性包茎"是指包皮和龟头紧密贴合在一起，阴茎头无法从包皮中露出来的情况。而"假性包茎"是指如果把包皮朝着肚子的方向拉扯，就可以露出阴茎头的情况。刚出生时，每一个男孩的阴茎都处于真性包茎的状态，阴茎头会随着成长慢慢地露出来。不过，很多人的阴茎在成年后会处于假性包茎的状态。只要能够正常排尿和射精，就不成问题。假如成年后阴茎头没有露出来，就要去咨询泌尿科医生。

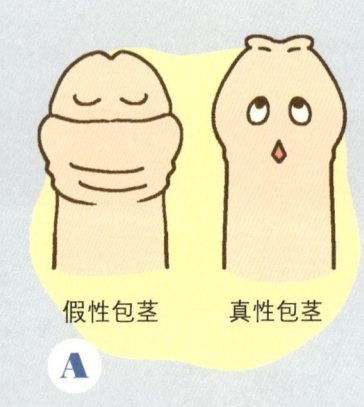

假性包茎　　真性包茎

A 大多数情况下，不需要治疗。

大汗腺密集的部位

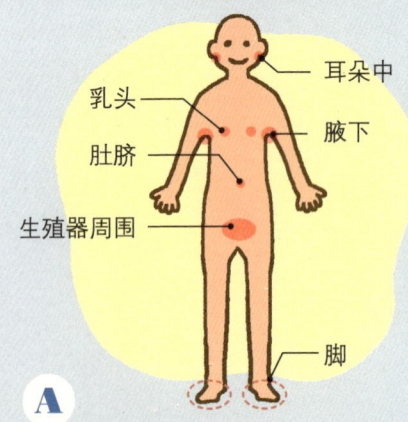

耳朵中
乳头
肚脐
腋下
生殖器周围
脚

Q 有体味怎么办？

不管是男孩还是女孩，都会有体臭（体味）。释放出气味的是位于腋下或生殖器周围名为大汗腺的部位。从大汗腺流出的汗液含有很多容易释放气味的成分。为了减少异味，平时要注意勤洗澡。

A 如果很在意体味，可以使用止汗剂等。

每个月遗精几次算正常？

男孩初精后，平均每 10 天或者半个月会发生一次遗精，间隔时间因人而异，即使是同一个人，遗精的间隔时间也会因为各种因素的影响而发生变化。当出现遗精次数偏多、偏少，或者不遗精的现象时，需要去正规医院咨询医生。

A 一般来说，每个月 1~2 次或稍多几次遗精都是正常的。

如果弄脏了内裤应该怎么办？

遗精时可能弄脏内裤。脏内裤不能直接放到洗衣机里清洗，机洗之前要先手洗一遍。

A 弄脏的内裤要先手洗再机洗。

如果射精过多，就会把精子消耗完吗？

有的人可能会相信"假如射精过多，精子就会被消耗完"。实际上这句话是不对的。在男性的一生中可以形成的精子数量并不是一定的，睾丸中每一天都会形成新的精子，因此肯定不会被消耗完。"假如射精过多，脑袋就会变笨"，这句话也是不对的。

A 精子不会消耗完。

Q29

1个卵子里最多可以进入几个精子呢?

❶ 1个　❷ 2个　❸ 多个

受精卵到达子宫内膜后开始着床

男性的精子和女性的卵子相遇后,就会形成受精卵。那么,女性是怎样怀孕的呢?

月经开始后,在女性的卵巢中发育成熟的1个卵子会从输卵管中排出。

性交时,男性将精子送入女性体内。精子会通过子宫进入输卵管,朝着卵子前进。

在最终抵达卵子附近的精子中,只有1个精子可以使卵子受精。这个精子会破坏卵子的膜进入其内部,之后卵子周围就会形成屏障,阻止其他精子进入。

受精卵会一边反复进行细胞分裂,一边朝着子宫移动。

在排卵5~7天后,受精卵最终会到达像床铺一样松软的子宫内膜处,开始着床。

这也意味着,怀孕正式开始了。

> **想要了解更多!**
>
> ### 怀孕后女性身体的变化
>
> 在怀孕后,女性的身体会产生很多变化。比如说,从怀孕第二个月开始,月经和排卵就会停止;乳房开始增大,为哺乳做好准备;子宫内膜会变厚;体形也会因为孕育小宝宝而发生变化。

怀孕的过程

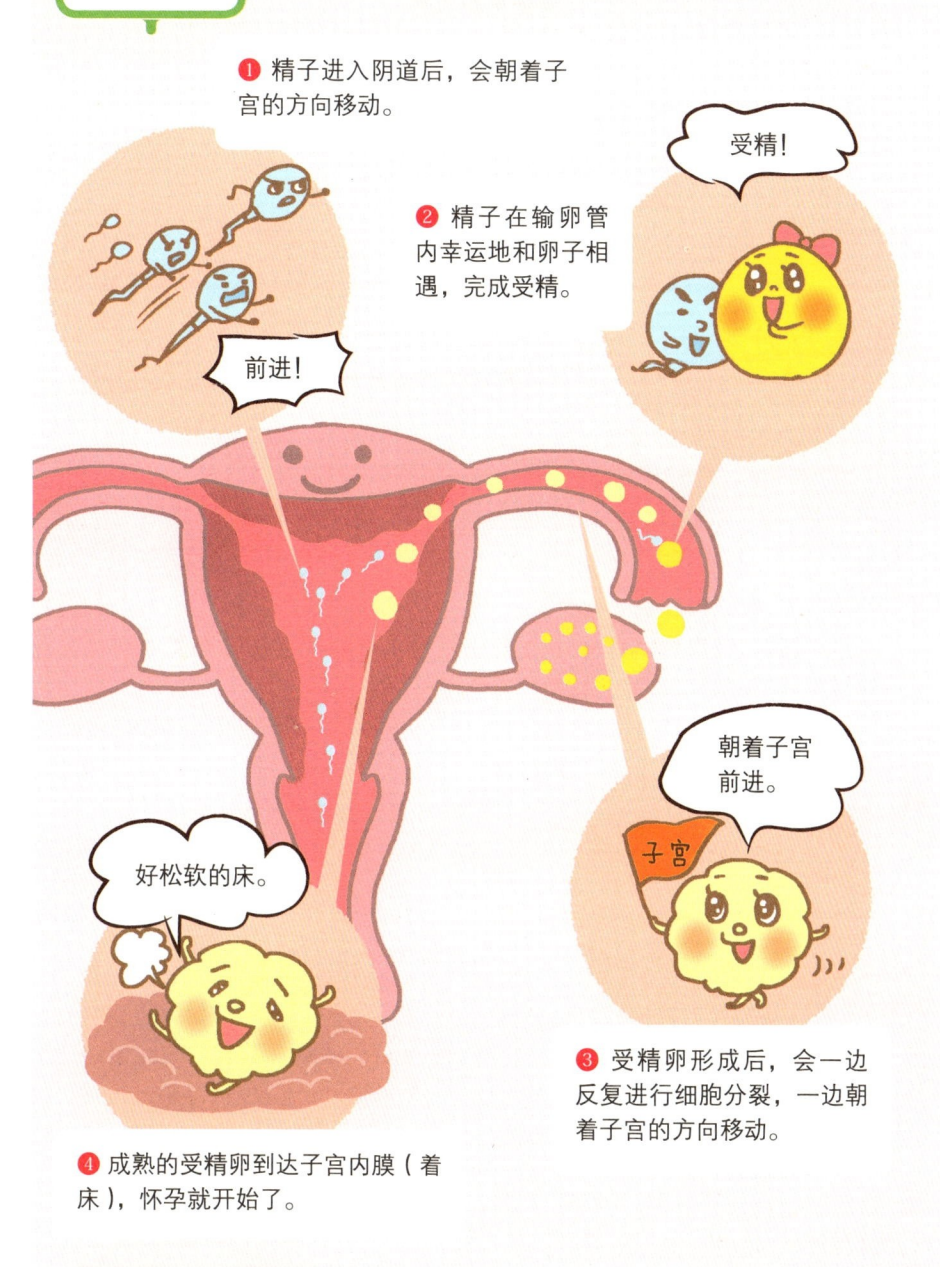

❶ 精子进入阴道后，会朝着子宫的方向移动。

❷ 精子在输卵管内幸运地和卵子相遇，完成受精。

受精！

前进！

朝着子宫前进。

子宫

好松软的床。

❸ 受精卵形成后，会一边反复进行细胞分裂，一边朝着子宫的方向移动。

❹ 成熟的受精卵到达子宫内膜（着床），怀孕就开始了。

答案 ❶ 1个   只有1个精子可以进入卵子的内部。

Q30

精子成功遇到卵子的概率是多少呢?

❶ 几万分之一　❷ 几千万分之一　❸ 几亿分之一

精子的生存挑战

出发!

❶ 在射精时,1亿~4亿个精子会同时出发。

我已经不行了……

❷ 阴道呈酸性,大约99%的精子会在这里掉队。

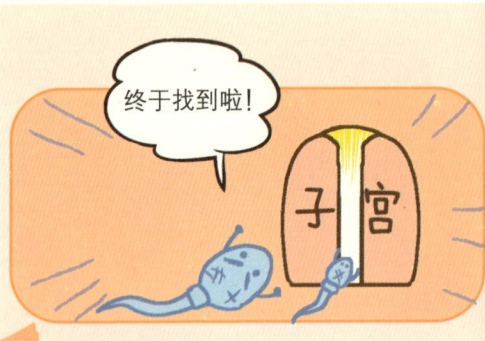

终于找到啦!

❸ 1%幸存下来的精子,伤痕累累地到达子宫。

我们是同伴啊!

❹ 进入子宫的精子会被白细胞当作敌人,受到攻击。

在女性的体内,精子们展开了一场生存挑战。

要经历几次奇迹，才能成功怀孕

精子会在女性体内展开什么样的生存挑战呢？

男性的精液进入女性的阴道后，精子们的战斗就开始了。

在一次射精排出的精液中，一共含有1亿~4亿个精子。可能有人认为，既然有这么多精子，肯定轻而易举就能到达卵子附近吧。其实没那么容易，女性体内有各种各样的复杂环境。

首先是酸性环境。女性的阴道呈酸性，在这种环境里精子很难生存下去，99%的精子会在这里死亡。

剩余1%的精子拖着伤痕累累的身体，进入广阔的子宫。精子在这里游荡时会遇到新的挑战。输卵管中的白细胞会把精子当作坏人，并进攻它们。

就算最终到达输卵管附近，因为左右两侧各有一条输卵管，精子们并不知道卵子在哪一侧的输卵管中。来到这里的精子只有1/2的概率可以遇到卵子。即使遇到卵子，也只有1个精子可以进入卵子内部。经历过这样几次奇迹之后，精子和卵子才能最终结合，形成受精卵。

> 去哪一边呢？

❺ 左右两侧各有一条输卵管，只有进入有卵子的一侧，才能遇到卵子。

> 合二为一！

❻ 只有1个精子会被卵子接受，完成受精。

答案 ❸ 几亿分之一

Q31

胎儿是在怀孕几个月后出生的呢？

❶ 3个月后   ❷ 6个月后   ❸ 10个月后

胎儿的成长

怀孕2个月时
大小约1厘米

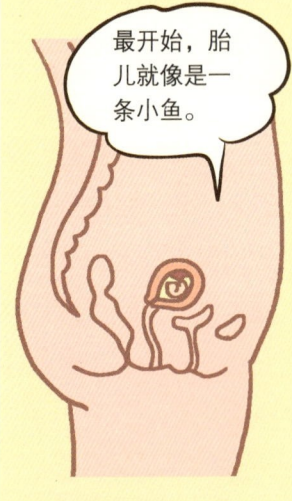

最开始，胎儿就像是一条小鱼。

出现了心脏和脑等器官。

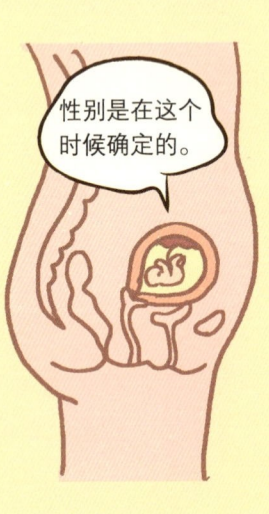

怀孕3个月时
大小约5厘米

性别是在这个时候确定的。

显现男女差异。

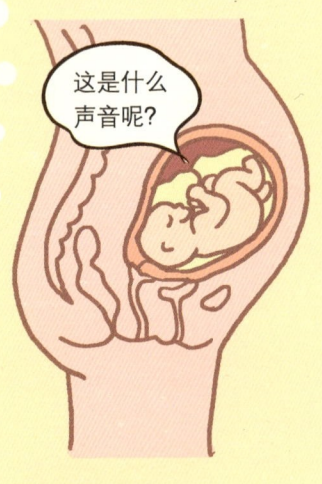

怀孕6个月时
大小约30厘米

这是什么声音呢？

可以睁眼、闭眼。耳朵也能听到声音。

答案 ❸ 10个月后 — 一般来说，怀孕周期是10个月（大约280天）。

为适应在外部世界生存做好了准备

女性的子宫是孕育胎儿的地方。子宫是比握着的拳头小一些的袋状器官，由坚韧的肌肉组成。胎儿要在妈妈的子宫里度过10个月（大约280天）的时间。在此期间，胎儿会逐渐变大。

精子和卵子完成受精后，会形成直径120微米（0.12毫米）的受精卵。这个比缝针的针眼还要小的受精卵，就是生命的源头。

怀孕2个月后的胚胎被称为"胎儿"。胎儿最开始的形状就像一条小鱼，这时候已经出现了心脏和脑等器官。

胎儿4个月左右时，手和脚等重要的器官基本上都已经形成了。

胎儿6个月时，能长到30厘米左右，骨骼也全部形成。此时，胎儿会有睁眼、闭眼的动作，耳朵也能听到声音了。

胎儿9个月时，能长到45厘米左右。这时候，子宫内已经很拥挤了，妈妈的肚子会变得很大。

就像这样，在10个月的时间内，胎儿为适应在外部世界生存做好了准备。胎儿马上就要出生了。

怀孕9个月时

大小约45厘米

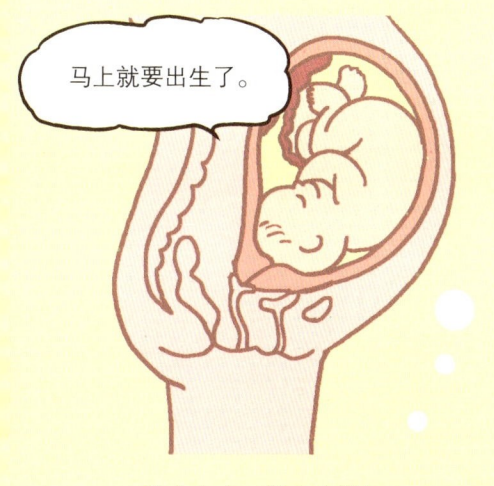

马上就要出生了。

胎儿变大，为出生做好了准备。

Q32

婴儿是像爸爸，还是像妈妈呢？

❶ 爸爸　❷ 妈妈　❸ 双方都像

婴儿会从爸爸妈妈那里分别继承一半的基因

大家应该都听别人说过"你和爸爸好像""你和妈妈好像"这样的话吧？父母和孩子不仅脸长得像，性格等方面也很像，这是因为孩子继承了父母的基因。

人体是由大约 60 万亿个细胞构成的。细胞核中一共有 46 条成对的染色体。染色体中充满了遗传的基础因子，即基因。可以说，基因是决定身体特征的设计图。

婴儿是因为爸爸的精子和妈妈的卵子成功受精才出生的，而在精子和卵子中分别只有普通细胞中一半的染色体（即 23 条）。它们结合在一起才会集齐 46 条染色体，形成一个完整的细胞。

也就是说，孩子染色体中的基因，一半来自爸爸，另一半来自妈妈。孩子之所以会长得既像爸爸又像妈妈，就是这个原因。

孩子为什么要继承父母双方的基因呢？这是因为，假如孩子只继承了爸爸或妈妈一方的全部的基因，当环境发生变化时，孩子们会和爸爸妈妈一起灭绝。而如果孩子的基因和爸爸妈妈不一样，他们生存下来的可能性就会变大。这是生物延续生命的绝好战略。

从父母双方那里继承基因

爸爸 | **妈妈**

孩子会分别从父母那里继承一半的基因。孩子之所以既像爸爸也像妈妈，就是这个原因。

孩子

为什么要继承不同的基因呢？

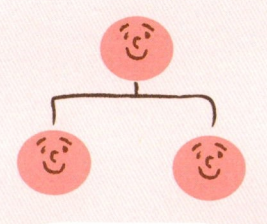

每个人都一样 | 每个人都不一样

假如孩子只继承了爸爸或妈妈一方的全部基因，灾难到来时可能所有人都会灭绝。如果孩子的基因和爸爸妈妈不一样，生存的可能性就会大大提高。

答案 ❸ 双方都像 孩子会从爸爸和妈妈那里分别继承一半的基因。

Q33

胎儿的性别是什么时候确定的呢?

❶ 受精时　❷ 怀孕后1个月　❸ 出生时

性别是什么时候确定的呢?

爸爸：爸爸有1条X染色体和1条Y染色体!

妈妈：妈妈有2条X染色体!

受精：分别从爸爸和妈妈那里获得1条染色体。

男孩
如果从爸爸那里获得的是Y染色体，那就是男孩。

女孩
如果从爸爸那里获得的是X染色体，那就是女孩。

生殖器的基本结构形成。这时候都是像女孩一样的生殖器。

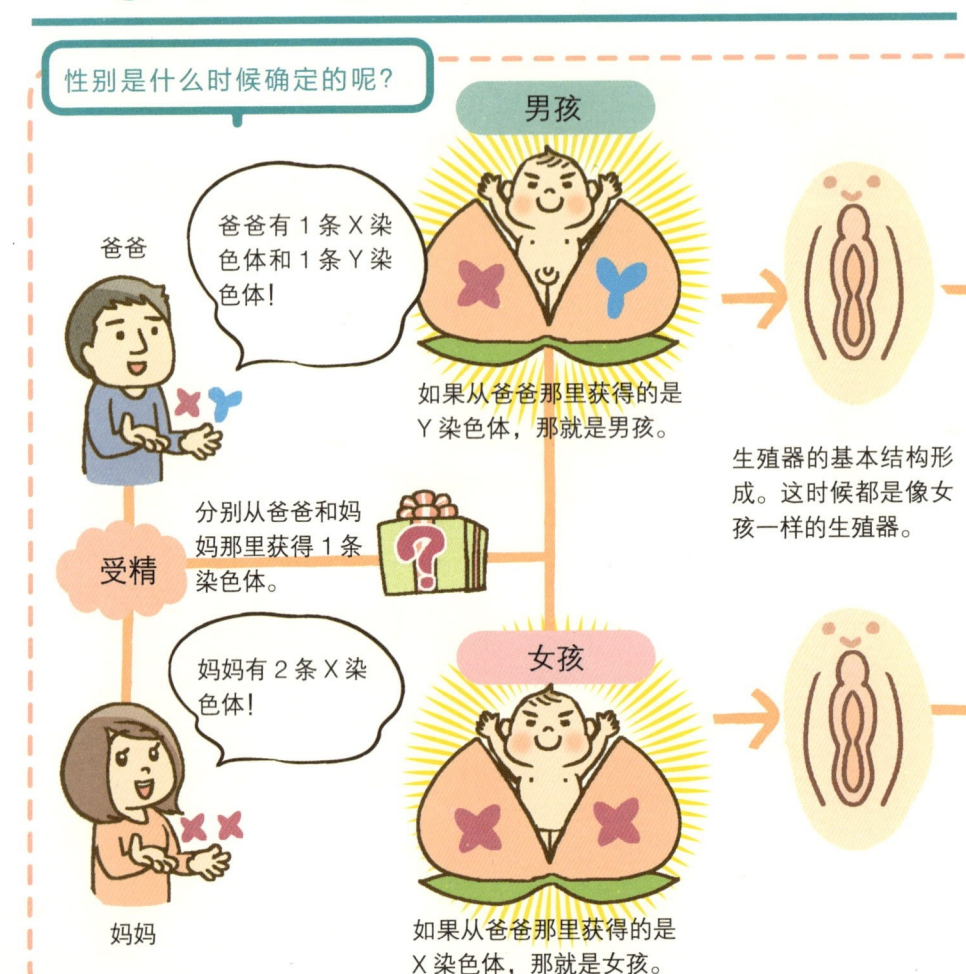

性别是由性染色体的组合模式决定的

"到底是男孩，还是女孩呢？"怀孕以后，很多人都会好奇小宝宝的性别。那么，小宝宝的性别大概是在什么时候确定的呢？

实际上，小宝宝的性别在精子和卵子受精的瞬间就已经确定了。决定性别的染色体（p.96）叫作"性染色体"。性染色体包括 X 染色体和 Y 染色体。爸爸的精原细胞中含有 1 条 X 染色体和 1 条 Y 染色体，妈妈的卵原细胞中含有 2 条 X 染色体。

胎儿会从爸爸和妈妈那里分别获得一半的染色体。如果从爸爸那里获得的性染色体是 Y 染色体（X 染色体和 Y 染色体的组合模式），那么就是男孩。如果从爸爸那里获得的性染色体是 X 染色体（X 染色体和 X 染色体的组合模式），那么就是女孩。

怀孕后 5~6 周，胎儿生殖器的基本结构就形成了。但是，在这个阶段，男胎生殖器的形态与女胎的十分接近。

不过，随着怀孕时间变长，男胎体内的雄激素会产生作用，形成男孩生殖器的形态。而女胎不会受到雄激素的影响，生殖器会直接变成女孩的。

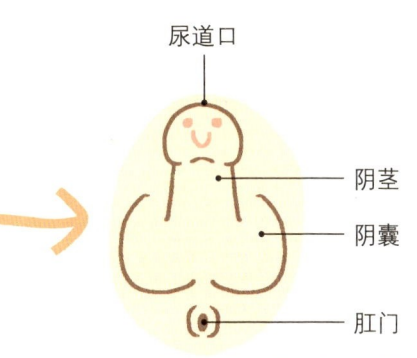

雄激素产生作用，形成男孩的生殖器。
- 尿道口
- 阴茎
- 阴囊
- 肛门

没有受到雄激素的影响，直接变成女孩的生殖器。
- 尿道口
- 小阴唇
- 大阴唇
- 肛门

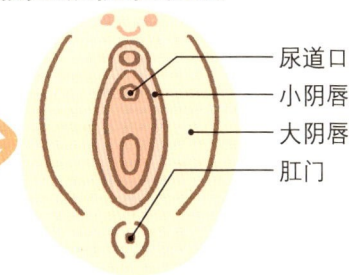

答案　❶ 受精时

在精子和卵子受精的瞬间，就确定了是男孩还是女孩。

Q34

下面哪一种物质不能通过妈妈的脐带运送到胎儿体内呢？

① 氧气　② 血液　③ 营养物质

子宫里的胎儿

你要健康成长哦！

胎盘
附着在子宫壁上。可以从妈妈的血液中吸收营养物质和氧气，然后运送到胎儿的血液中，并把胎儿的代谢废物运送到妈妈的血液中。

脐带
胎儿通过脐带从妈妈那里获取必需的营养物质和氧气。脐带中间有连通的血管。

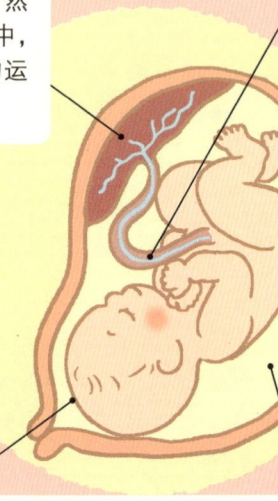

子宫里的胎儿大多处于头朝下脚朝上的姿态。

羊水
羊水是在子宫中起到保护胎儿作用的液体。它是由妈妈的血液（确切地说，是血液中血清经过胎膜渗入羊膜腔的透析液）和胎儿的尿液等组成的。

通过脐带进行物质交换

孕育胎儿的子宫外面覆盖着一层被称为"羊膜"的薄膜，里面充满了被称为"羊水"的温水。

子宫里的胎儿是通过"脐带"从妈妈那里获取必需的营养物质和氧气的。脐带前端是紧贴在子宫壁上的胎盘，它可以从妈妈的血液中获取营养物质和氧气，并将其运送到胎儿的血液中。此外，胎盘还可以将胎儿体内产生的代谢废物和二氧化碳运送到妈妈的血液中。

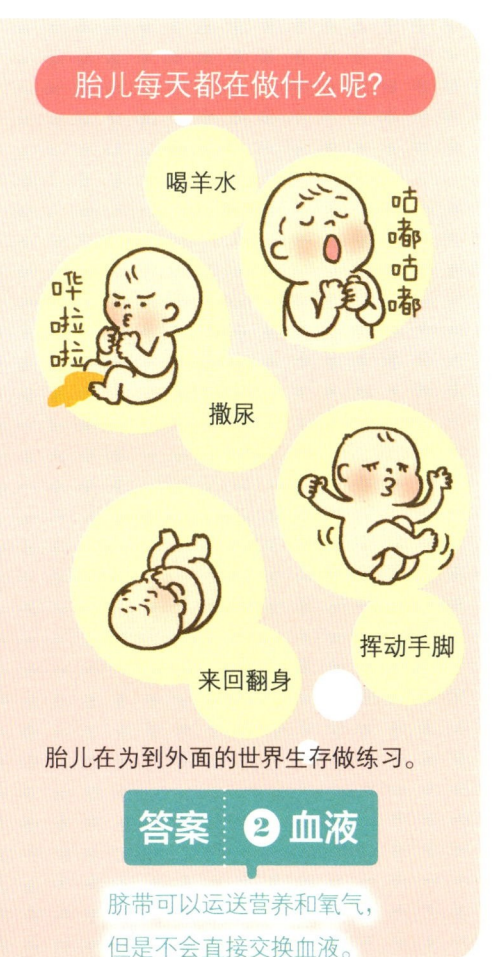

羊水的作用包括：提供缓冲，防止胎儿受到冲击；提供运动场所，使胎儿可以运动身体，促进肌肉和骨骼的发育；培育胎儿的肺功能。胎儿会通过肺反复吸入并吐出羊水，从而练习如何用肺进行呼吸。胎儿喝下的羊水会被运送到血液中，并被肾脏吸收，然后变成尿液被排出。

在刚怀孕时，羊水的主要成分是妈妈血液中的血清经过胎膜渗入羊膜腔的透析液。随着怀孕时间变长，羊水中胎儿的尿液逐渐增多。因为代谢废物会通过脐带被运送到妈妈的血液中，所以就算胎儿喝下羊水也没有任何问题。

胎儿每天都在做什么呢？

喝羊水　咕嘟咕嘟　哗啦啦　撒尿　来回翻身　挥动手脚

胎儿在为到外面的世界生存做练习。

答案　❷ 血液

脐带可以运送营养和氧气，但是不会直接交换血液。

Q35

双胞胎长得都很像吗？

❶ 都长得很像　❷ 也有长得不像的

长得像的双胞胎和长得不像的双胞胎

大家的朋友里有没有双胞胎呢？听到双胞胎，大家应该就会感觉他们长得很像，但是也有长得不像的双胞胎。这是因为，双胞胎分为"同卵双胞胎"和"异卵双胞胎"两种。

同卵双胞胎是指在妈妈子宫里的 1 个受精卵偶然分裂成 2 个，并分别发育成 2 个胎儿。这 2 个胎儿的基因完全相同，因此性别和血型都一样，长相、体格、声音等也很像。

而异卵双胞胎是指 2 个卵子和 2 个精子相遇，并结合成 2 个受精卵。这 2 个受精卵会分别发育成胎儿，胎儿的性别有可能相同，也可能不同。而他们的长相和体格等也会有差异。就像是同时出生的兄弟姐妹。

想要了解更多！

生下双胞胎的概率有多大呢？

生下双胞胎的概率是 1%。也就是说，100 个孕妇中，会有 1 个生下双胞胎。孕育同卵双胞胎的概率任何人种之间都差不多，但是孕育异卵双胞胎的概率则不太一样。比如，北欧人生下异卵双胞胎的概率是 1.5%~2%，而日本人则是 0.6%~1%。

双胞胎的形成

同卵双胞胎

1个精子和1个卵子结合成1个受精卵，之后这个受精卵会一分为二。

> 我们长得很像哦！

同卵双胞胎不仅基因完全相同，性别和血型也相同。

异卵双胞胎

2个卵子和2个精子分别结合。就好像兄弟姐妹同时出生一样。

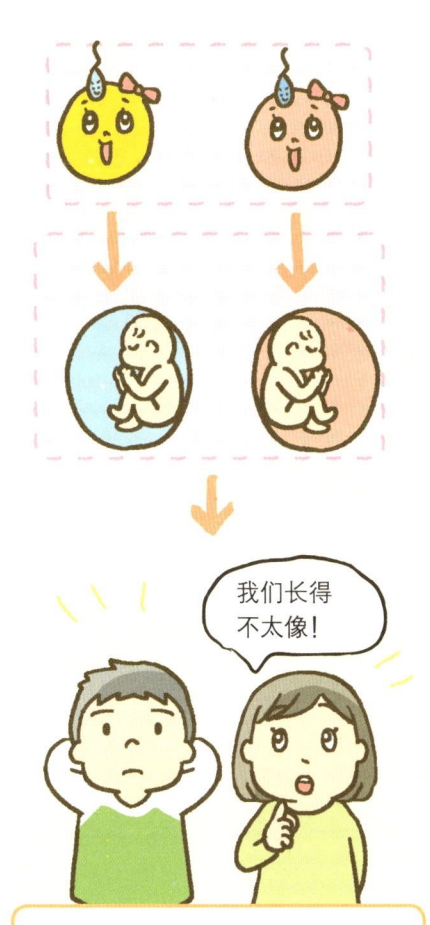

> 我们长得不太像！

异卵双胞胎有50%的基因是相同的。但性别和血型有可能一样，也有可能不一样。

答案 ❷ 也有长得不像的

双胞胎分为同卵双胞胎和异卵双胞胎，异卵双胞胎长得不太像。

Q36

胎儿将要出生的信号是什么呢?

① 腹痛　② 痛经　③ 阵痛

胎儿和妈妈都在努力

胎儿长到一定程度后,就会向妈妈发出快要出生的信号!

妈妈的身体接收信号后会向子宫发出"阵痛"的命令。胎儿出生时需要通过子宫口(子宫的出口),子宫口会一点点打开,子宫也会随之紧缩和舒展,于是产生了阵痛。分娩产程开始时,每隔10分钟左右会出现一次阵痛。随着产程的进行,阵痛间隔的时间会越来越短。

子宫口打开后,包裹着胎儿的羊膜就会破裂,羊水会从阴道(产道)流出。羊水可以起到润滑产道、使胎儿更容易通过的作用。

胎儿的头骨会在生产时发生形变,胎儿会收紧身体并旋转,努力使自己通过狭窄的产道。而妈妈也会用憋气、肚子用力等方式帮助胎儿顺利出生。

在来到外面的世界后,婴儿会先深吸一口气,再"哇"的一声吐出一口气,这是婴儿第一次用肺呼吸的表现。

有时候,为了确保妈妈和胎儿的安全,医生会通过手术把胎儿取出来,这种出生方式叫作"剖宫产"。

胎儿出生的示意图

❶ 阵痛开始
子宫会反复收缩，向外挤压胎儿，这时候就会产生阵痛。

阵痛间隔时间会从大约10分钟一次开始，之后变得越来越短。

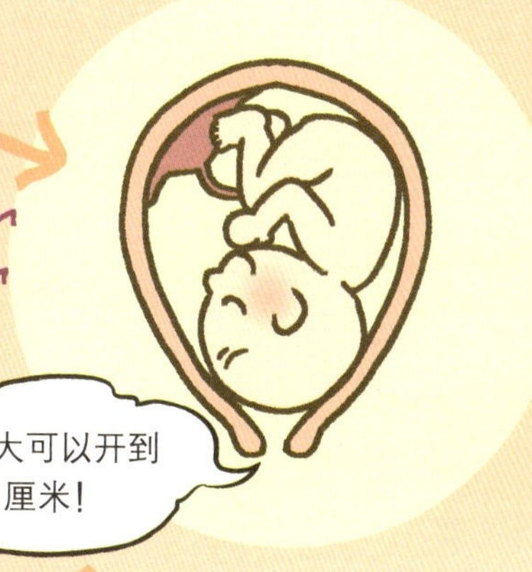

最大可以开到10厘米！

❷ 子宫口打开
阵痛持续，子宫口会逐渐打开，并让胎儿通过。

破水也有可能会发生在阵痛开始之前！

❸ 破水
包裹着胎儿的膜破裂，一部分羊水会流出。

❹ 出生
胎儿的头部从子宫口露出后，妈妈的肚子就要不断用力，帮助胎儿顺利出生。

哇！

答案 ❸ 阵痛

胎儿出生时的信号是阵痛。阵痛是由于子宫收缩导致的。

Q37

婴儿第一次排出的大便是什么颜色呢？

❶ 黑绿色　　❷ 金色　　❸ 浅褐色

妈妈的乳房会分泌乳汁

胎儿要在妈妈的子宫里待10个月，最后"哇"的一声来到这个世界。婴儿会在出生后不久第一次排便。大便呈黑绿色，很黏、无味。

婴儿要喝妈妈乳房分泌的乳汁才能长大，也有喝奶粉长大的。

女性的乳房会在怀孕后变大，不过在怀孕期间并不会流出乳汁。乳汁是在婴儿出生后才流出的。女性的乳房中有15~20条乳腺（p.52），乳腺相当于生产乳汁的"工厂"。女性的乳腺会在怀孕后开始发育，乳腺周围的脂肪会增多，乳房整体变大，从而为分泌乳汁做好准备。

婴儿出生后，胎盘被排到体外，垂体一边分泌催乳素，一边向身体发出用血液制造乳汁的命令。催乳素是受到婴儿吮吸妈妈乳头时的刺激而分泌的。

垂体还会分泌催产素，有助于将乳腺制造的乳汁运送出去。在催产素的作用下，乳腺周围的肌肉开始收缩，将乳汁从乳腺管中挤压出去。

母乳营养丰富，易于消化，并且可以有效降低婴儿患上传染病的概率，可谓有百利而无一害。

乳汁分泌的原理

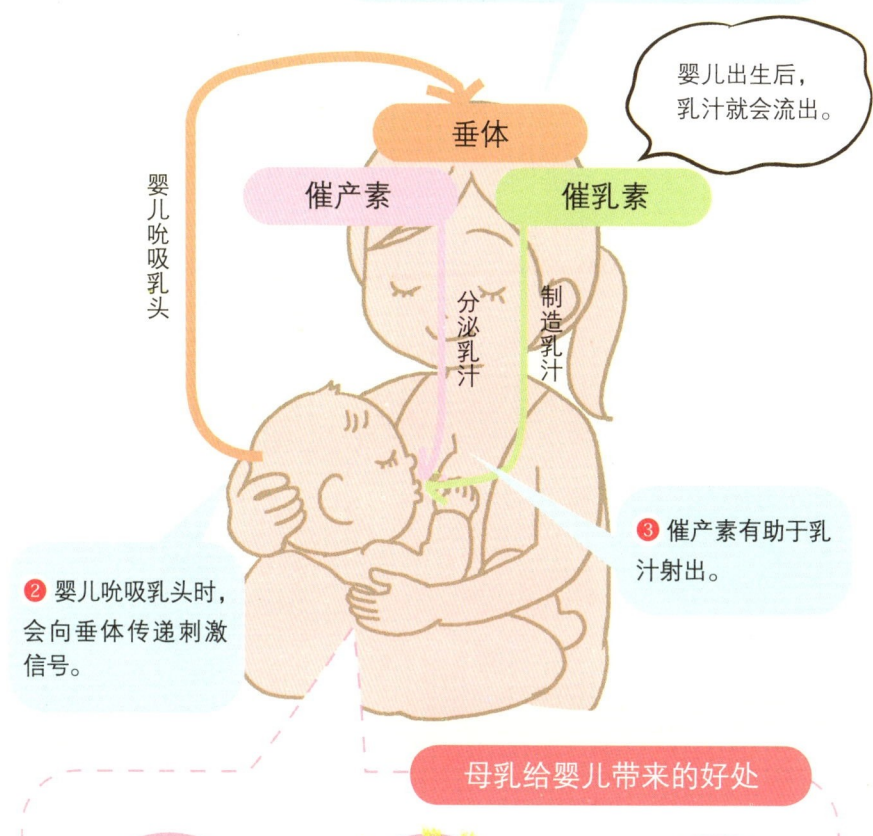

❶ 垂体分泌的催乳素会刺激乳腺制造乳汁。

婴儿出生后，乳汁就会流出。

垂体

催产素　催乳素

婴儿吮吸乳头

分泌乳汁　制造乳汁

❸ 催产素有助于乳汁射出。

❷ 婴儿吮吸乳头时，会向垂体传递刺激信号。

母乳给婴儿带来的好处

促进消化　　营养丰富　　不容易患上传染病

答案 ❶ 黑绿色　里面混杂了羊水中的成分、胎毛、皮肤细胞等物质。

性教育专栏

"普通"也有很多种

大家觉得"普通"应该是什么样呢?
从婴儿的出生方式到家庭形式,"普通"也可以是多种多样的。

婴儿的出生方式

- 体外受精和人工授精(不孕症治疗)
- 通过性交受精

**不管以哪种方式出生,
婴儿来到这个世界本身就是可喜可贺的事!**

婴儿的出生值得引以为豪

婴儿的出生是由很多个奇迹创造的。如果没有这些奇迹,生命也就不复存在。

据说,每10对夫妻中就有4对接受过不孕症治疗。接受过不孕症治疗的夫妻占比如此高,也变相说明不孕症是很普遍的病症。

对患者而言,不论是身体方面还是精神方面,治疗不孕症的过程都异常艰辛。尽管如此,还是有很多夫妻会接受治疗,这是因为他们强烈期盼着婴儿的到来。生命的起源不管是性交,还是人工授精或体外受精,都是很美好的事情。

多种多样的家庭形式

没有孩子的家庭

单亲家庭

有爸爸妈妈的家庭

大家要尊重这些差异！

多种多样的家庭形式

家庭的形式是多种多样的。

既有爸爸妈妈都有的家庭，也有只有爸爸或只有妈妈的单亲家庭，还有不生孩子、夫妻两个人生活的家庭，以及再婚后重新组建的家庭（再婚家庭）。

换句话说，自己认为的"普通"，对他人而言可能并不"普通"。大家要记得尊重这些差异。

Q38

下面哪个国家的学生是从高中开始学习避孕知识的？

❶ 韩国　❷ 日本　❸ 荷兰

性交可能导致怀孕。

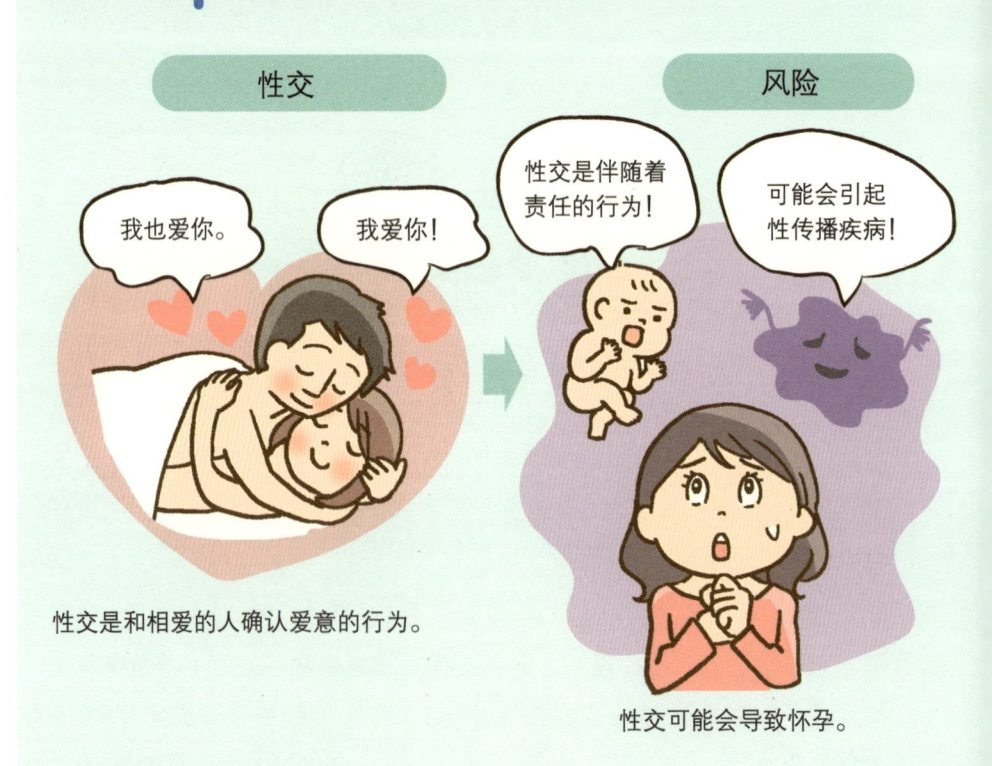

性交

我也爱你。
我爱你!

性交是和相爱的人确认爱意的行为。

风险

性交是伴随着责任的行为!
可能会引起性传播疾病!

性交可能会导致怀孕。

答案　❷ 日本

韩国从初中开始学习，荷兰从小学开始学习，日本到高中才开始学习。

性交可能会导致怀孕

性交是让精子和卵子相遇，孕育出婴儿并完成"生命接力"的行为。除了怀孕，性交还可能引起性传播疾病（p.118），大家千万不要忘记这一点。

作为成年人，在双方同意的前提下发生性关系，这是很正常的事。但是，如果毫无防备地意外怀孕了，应该怎么办呢？这时候，女性可能需要去医院"堕胎"。堕胎是指通过手术的方式消除胚胎。堕胎会给女性的身体和精神造成很大的伤害。

如果意外怀孕……

对不起……

必要时会进行堕胎手术

因此……

避孕的知识很重要哦！

为了避免发生这样的事情，需要提前了解如何正确使用避孕套（p.112），以达到避孕的目的。

前文提到过"要经历几次奇迹，才能成功怀孕"，这并不意味着"不避孕也没关系"。

大家一定要在意外发生之前，切实掌握和避孕相关的正确知识。

Q39

避孕套的避孕概率是多少？

❶ 100%　❷ 大约80%　❸ 大约60%

避孕套既能避孕，还能防止患上性传播疾病

避孕的方法有很多种，众所周知的就是"避孕套"。

避孕套是一种避孕工具，将这种橡胶制品套在男性的阴茎上，就能避免精子和卵子相遇。避孕套不仅可以避孕，还可以防止患上性传播疾病（p.118）。

不过，并不是说使用了避孕套就可以100%地避孕。这是因为即便性交前正确地戴好了避孕套，使用的过程中也可能出现破裂或者脱落等情况。

尽管如此，能同时避孕并防止性传播感染的只有避孕套。不管是为了自己，还是为了大家喜欢的人，一定要记得戴避孕套。

只有女性可以怀孕。从这一个角度来想的话，不只是男性，女性也必须掌握和避孕有关的知识。就算是感觉难为情，女性也一定要让自己喜欢的人戴上避孕套。

除了避孕套之外，女性还可以在向医生咨询后购买"低剂量口服避孕药"，这也是一种避孕方法。除了避孕之外，口服避孕药还具有稳定月经周期，减轻月经疼痛的效果。不过，为了可以在避孕的同时防止患上性传播疾病，大家还是要记得戴上避孕套。

避孕套的正确佩戴方法

❶ 避免指甲接触避孕套,用手指把避孕套前端的空气挤出。

❷ 把处于勃起状态的阴茎外皮朝着阴茎根部拉扯。

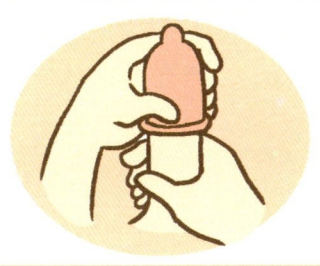

❸ 把避孕套卷到阴茎中段。

❹ 把避孕套卷到阴茎根部。

避孕套的作用

●避孕
为了避免意外怀孕,佩戴避孕套十分重要。

●预防性传播感染
避孕套可以防止患上各种性传播疾病。

就算戴了避孕套也不能 100% 避孕!

答案 ❷ 大约 80%

普通的使用方式会有 18% 的概率失败,理想的使用方式也会有 2% 的概率失败。

Q40
关于身体和心理方面的烦恼，可以和谁商量呢？

❶ 父母和老师　❷ 陌生人　❸ 网络

首先要试着依靠身边的人

在逐渐接近成年人的青春期，我们会在想要自立和想要依靠别人这两种心理之间摇摆不定，并会因此感到焦躁不安，也会积累很多压力和烦恼。

有的人可能会因为身体发育迟缓而烦恼，有的人可能会因为朋友关系而感到沮丧。有烦恼的时候，一定不要一个人默默承受，首先应该找家长、学校的老师、长辈等身边值得信赖的人商量。他们会认真倾听你的烦恼，然后和你一起寻找解决方法。

有的人因为不想依靠父母和老师，会通过电脑和智能手机等在网络上和陌生人交谈。殊不知这是非常危险的行为，和没见过面的人商量青春期的烦恼，有可能会被牵扯进犯罪事件。

如果实在不想和父母或老师商量，可以去政府部门设立的咨询平台咨询，或者通过电话、邮件方式咨询。

应该找谁商量呢？

爸爸妈妈

学校的老师

妈妈，我想……

老师，我有问题！

网络上

陌生人

谁能告诉我该怎么办？

我能向你倾诉烦恼吗？

答案　❶ 父母和老师

上网或者和陌生人诉说自己的隐私是很危险的事，大家千万不要这样做。

Q41

从几岁开始可以生孩子呢？

❶ 16岁　❷ 18岁　❸ 心理和身体都成熟后

你能承担养育孩子的责任吗？

性交会伴随怀孕的可能性。年龄越低，怀孕的概率越高。这是因为年龄越低，精子和卵子就越有活力，更容易受精。

怀孕意味着要成为父母，为人父母者必须承担养育孩子的责任。在男孩遗精、女孩来月经后，理论上就具备了生育的生理能力。但是，大家要知道，具备生育的生理能力和养育孩子是两码事。养育孩子需要有经济基础，需要具备赚钱的能力与成熟的心理。

处于青春期的未成年人，身心尚未成熟。这一时期是积累知识和技能的重要时期，成长的过程中会有很多烦恼，跨过这一时期，人生就会迎来崭新的阶段。所以，即使身体器官已经为迎接新生命做好了准备，也不代表我们要在这一时期偷尝"禁果"，等身心都准备好了，条件成熟之时再考虑这件事也为时不晚。

> 生下孩子后，就要承担养育的责任

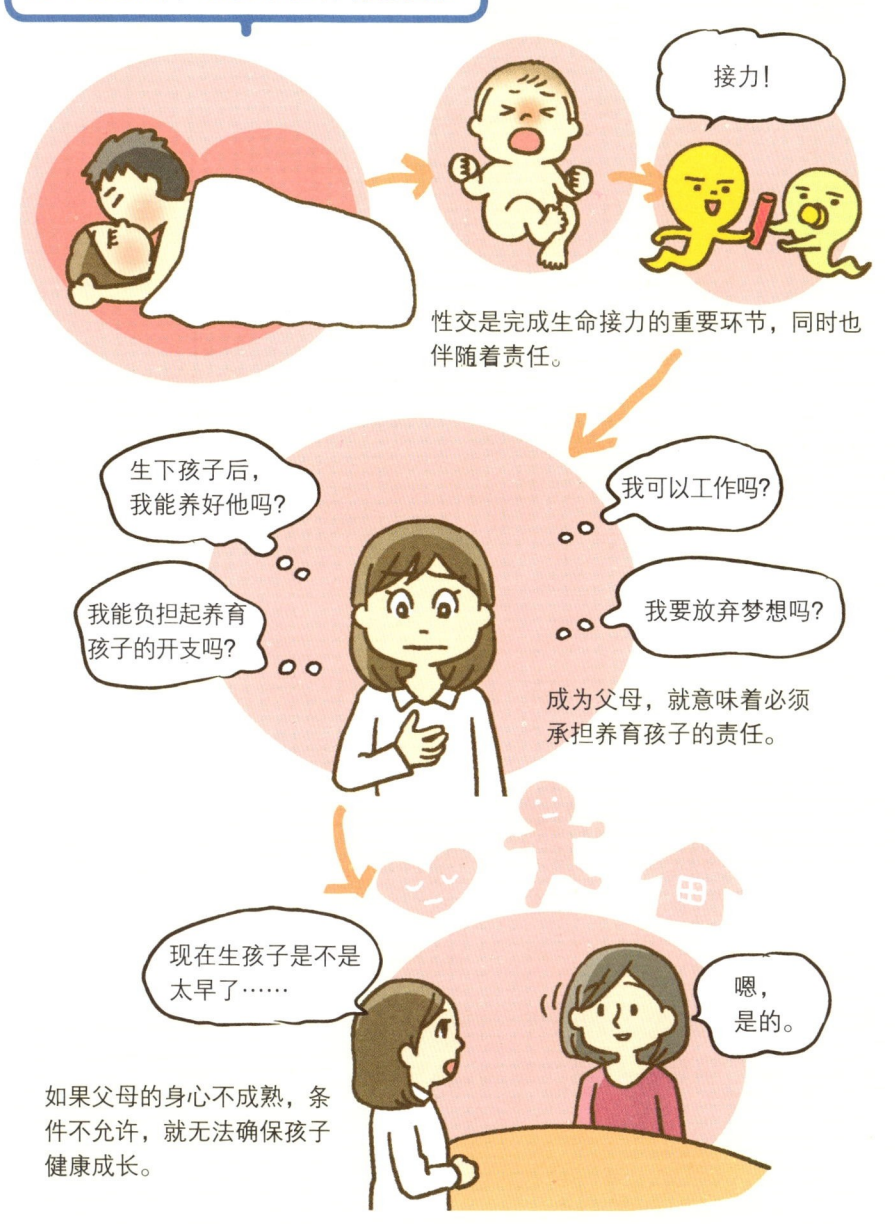

接力！

性交是完成生命接力的重要环节，同时也伴随着责任。

生下孩子后，我能养好他吗？

我可以工作吗？

我能负担起养育孩子的开支吗？

我要放弃梦想吗？

成为父母，就意味着必须承担养育孩子的责任。

现在生孩子是不是太早了……

嗯，是的。

如果父母的身心不成熟，条件不允许，就无法确保孩子健康成长。

答案 ❸ **心理和身体都成熟后**

如果没有做好养育孩子的各方面准备，就不能生下孩子。

117

Q42

情侣之间发生性关系会患上性传播疾病吗？

❶ 可能会患上　❷ 不会患上

正确使用避孕套能预防感染

通过接吻、性交等性行为感染的疾病就是"性传播疾病"。性传播疾病包括艾滋病、生殖器疱疹、生殖器衣原体感染、淋病等很多种。性传播疾病可能会引发严重的症状，或者留下后遗症，甚至导致死亡。

艾滋病（AIDS）是因为感染了人类免疫缺陷病毒（也叫艾滋病病毒，英文缩写HIV）而导致的疾病。其特征是从感染到发病可能会经过5~10年，发病后免疫力会变低，引起各种症状。HIV也会通过血液或母乳等传播，不过最大的传播途径还是性交。

就算性关系只发生过一次，也有可能患上性传播疾病。很多性传播疾病不会出现自觉症状，患者很难发现自己已经被感染，而且可能会在不知不觉的情况下传染给其他人，自己的病情也会随着时间的推移逐渐加重。如果怀疑患上了性传播疾病，一定要立刻到医院接受检查。

虽然大部分性传播疾病并非不治之症，但患病的痛苦只有患者自己知道，因此，预防感染就显得尤为重要。学会正确使用避孕套（p.112），患上性传播疾病的可能性就会降低。

主要的性传播疾病

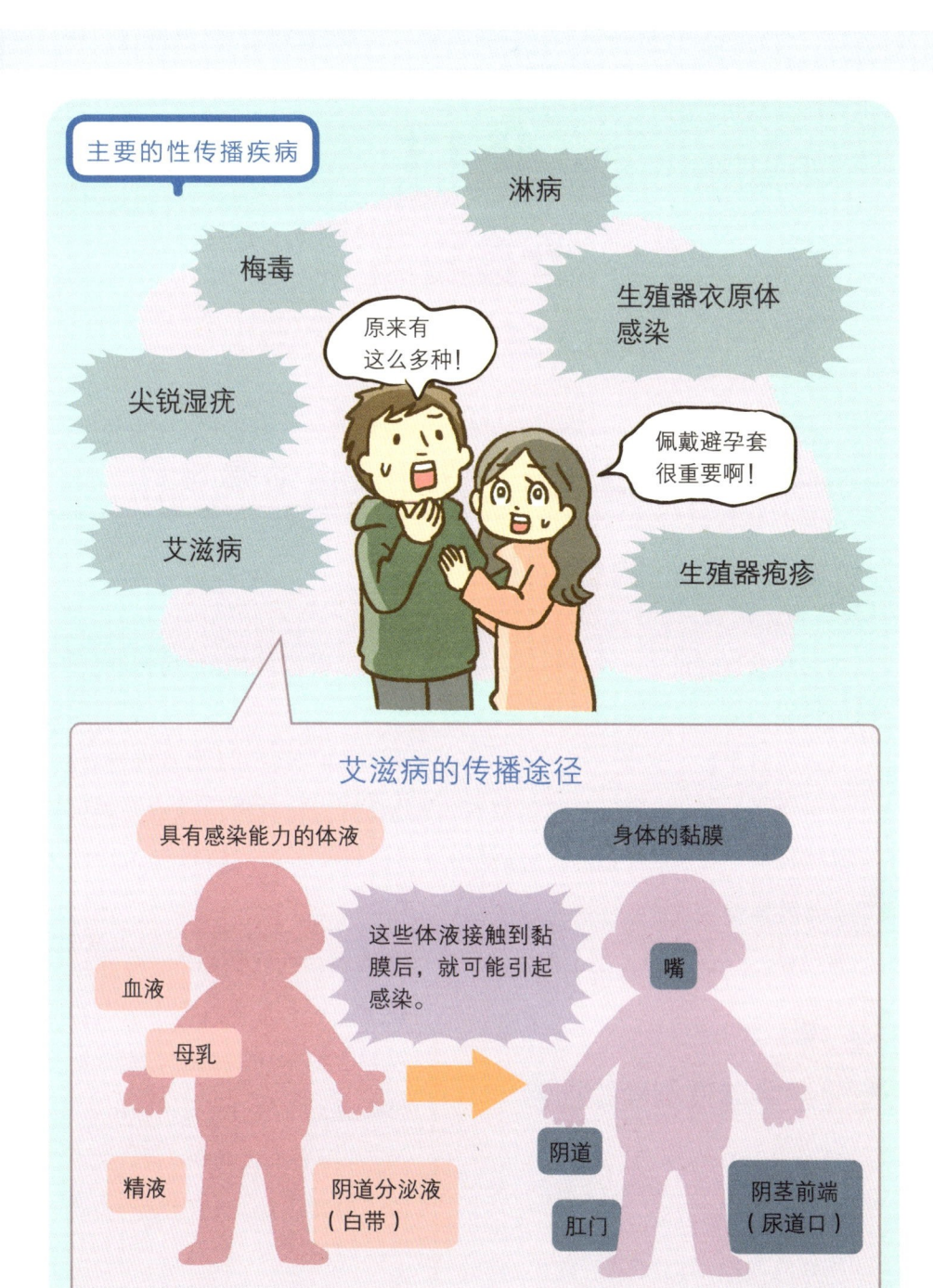

- 淋病
- 梅毒
- 生殖器衣原体感染
- 尖锐湿疣
- 艾滋病
- 生殖器疱疹

原来有这么多种！

佩戴避孕套很重要啊！

艾滋病的传播途径

具有感染能力的体液
- 血液
- 母乳
- 精液
- 阴道分泌液（白带）

这些体液接触到黏膜后，就可能引起感染。

身体的黏膜
- 嘴
- 阴道
- 肛门
- 阴茎前端（尿道口）

答案 ❶ 可能会患上

只要发生性关系，就可能会患上性传播疾病。

Q43

女孩应当做什么运动呢?

❶ 芭蕾　❷ 足球　❸ 什么运动都可以

社会和文化方面的职责分工

大家有没有听过别人说"你是男孩,不能哭"或者"女孩应该文静一些"这样的话呢?

这些人口中的"男子气概"和"女性魅力",并不是出生时就确定好的,而是社会文化塑造出来的。还有类似于"男性负责工作养家""女性负责做家务和养育孩子"等根据性别进行的职责分工也是这样来的。这种社会和文化方面的男女差异就叫"社会性别"。

有时候,仅仅因为性别不同,就会被区别对待。而在理想的社会里,职责分工不会因为性别不同而有所差异,每个人的感情和能力都会被尊重,每个人都可以活出自我。为了实现这样的理想社会,关注差异,倡导平等,就显得尤为重要。

想要了解更多!

全球性别差距报告

《全球性别差距报告》是由世界经济论坛发布的报告,主要通过调查和统计的方式,针对健康、教育、政治参与和经济平等四个领域的性别差距缩小能力进行综合评估。

男子气概和女性魅力

男子气概 — 一般的形象 — **女性魅力**

男子气概：健壮、活泼、勇敢、喜欢蓝色、负责工作养家

女性魅力：柔弱、文静、温柔、喜欢粉红色、擅长做家务和养育孩子

实际上，大家不需要被固有想法束缚！

"我喜欢粉红色！"

"我们赢啦！"

答案 ❸ 什么运动都可以

大家不要被所谓的"男子气概"和"女性魅力"束缚，尽情选择自己喜欢的运动吧。

Q44

性别的特征只有"男性"和"女性"两种吗?

❶ 只有两种　❷ 有很多种

性别特征是每个人的个性

性别特征（性征）并不是只有身体差异产生的"男性"和"女性"这两种。性别特征主要包括以下4个要素。

第一个要素是"生理性别"。这是由生殖器和性染色体（p.96）等方面的差异决定的生物学性别。

第二个要素是"心理性别（性别自我认同）"。"心理性别"是指每个人内心感受到的自己的性别。

第三个要素是"喜欢的性别（性倾向）"。根据你的心动对象的性别而定，包括女同性恋、男同性恋、双性恋、无性恋等。

第四个要素是"表现出来的性别（性别表达）"。它是指通过衣着、化妆、言行举止等表达自己的性别。

性别特征是每个人的个性，应该受到尊重。别人不能强制我们改变或放弃自己的性别特征。同样，我们也不能强制别人改变他们的性别特征。

四种性别

生理性别

我是男孩！

是指生物学方面的性别，我们经常听到的就是这种性别。

心理性别

我是哪一种呢？

对自身性别的心理认知。一个人的心理性别和身体性别可能会不一样。

性倾向

我可能喜欢他……

是指一个人的心动对象的性别。有的人可能会喜欢相同性别的人，或者同性、异性都喜欢。

性别表达

裙子也很好看呢。

是指通过衣着、化妆、说话方式等表达自己的性别。

答案 ❷ 有很多种 — 性别特征有很多种。

宫颈癌和 HPV 疫苗

性教育专栏

为了健康考虑，女孩一定要记得接种疫苗。

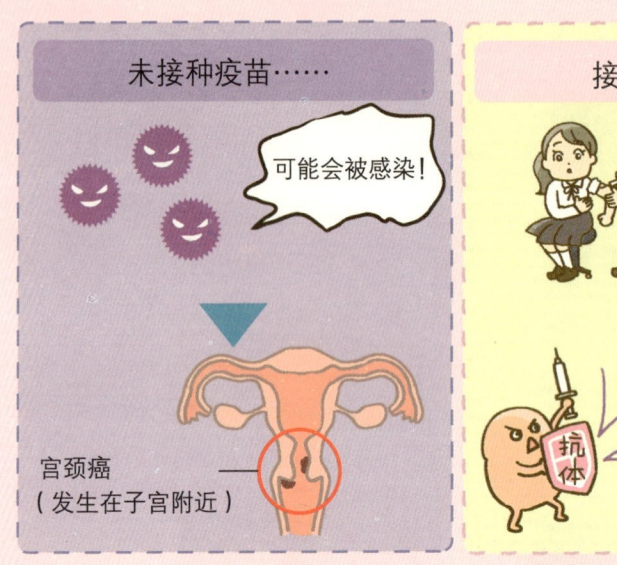

未接种疫苗……
可能会被感染！

宫颈癌（发生在子宫附近）

接种疫苗……
接种好了。

完蛋了！

产生的抗体可以预防感染。

平均每天有 8 个人因为宫颈癌去世

宫颈癌是因为感染 HPV（人乳头瘤病毒）而患上的疾病。全世界每年大约有 1 万人患上宫颈癌，大约有 3000 人会因此死亡。为了治疗宫颈癌，部分患者需要做子宫切除手术。

HPV 可以通过性交感染。一般来说，在经历过性生活的人之中，有 50%~80% 的人曾经感染过 HPV，不过大部分感染者会自愈。但也有一部分人会因感染 HPV，进而引发宫颈癌。

接种 HPV 疫苗能有效预防宫颈癌。

一般来说，在还没有经历过性生活的青春期接种疫苗的效果最好。接种 3 次疫苗，将来患上宫颈癌的概率就会降低 88%。大家可以在和家人商量后接种 HPV 疫苗。

第 3 部分

保护身心的
5 个原则

为了保护自己，
希望大家可以记住
以下5个原则。

FIVE RULES ⚠️

避免遭遇性侵害

如果抱着事不关己的态度就能安全地度过一生，当然最好不过了。但是，全面消除性侵害并不是一朝一夕的事。我们有必要通过掌握正确的知识，来避免遭遇性侵害。

不要跟陌生人走

大家应该被提醒过"不要跟陌生人走"，因为我们很难从外表判断陌生人的好坏。对于看起来既温柔又有趣的陌生人也要提高警惕，千万不能跟他们走。

认识的人也不一定是好人

很多性侵害并不是由陌生人实施的，而是由"熟人"实施的。有时候，他们会告诉你"我带你去看小狗小猫"，然后接近你；或者告诉你"你妈妈遇到交通事故，被送到医院了"，然后把你带到车里。不管是陌生人，还是认识的人，大家一定要记得千万不能跟他们走。

严厉拒绝"性骚扰"

触摸受害者的身体，对受害者讲污言秽语，在不当场合暴露性器官……这些令人反感的行为都是性骚扰（Sexual Harassment）。大家千万不要因为担心施害者恼怒而胆怯。遇到性骚扰时，一定要严词拒绝、大声呼救。

男孩也可能会变成受害者

并不是只有女孩会变成性侵害的受害者，很多男孩也会遭遇性侵害。身为男孩的你，如果被人带到偏僻的地方，或者对方想要拍下你的裸照，一定要大声求救并趁机逃跑。绝不能因为对方同为男性，就轻易地信任他们。

希望大家记住！

互联网上的陷阱

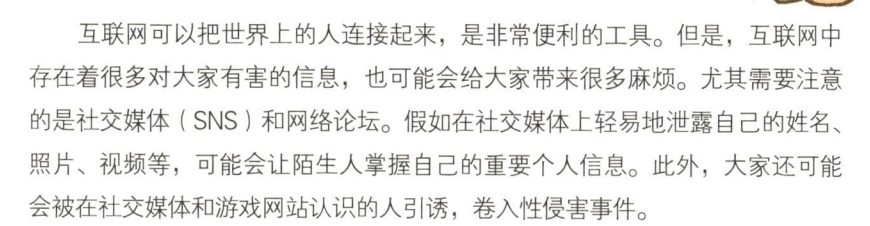

互联网可以把世界上的人连接起来，是非常便利的工具。但是，互联网中存在着很多对大家有害的信息，也可能会给大家带来很多麻烦。尤其需要注意的是社交媒体（SNS）和网络论坛。假如在社交媒体上轻易地泄露自己的姓名、照片、视频等，可能会让陌生人掌握自己的重要个人信息。此外，大家还可能会被在社交媒体和游戏网站认识的人引诱，卷入性侵害事件。

FIVE RULES

要有同理心

在青春期，我们会有很多烦恼和想法。也是在这个时期，我们要学着转变以自我为中心的想法，试着为别人着想。在和别人交往时具有同理心，对于长大成人是很重要的。

不要嘲笑别人的身体特征

大家可以想一想，假如自己的身体特征被别人嘲笑，你会有什么样的感受？我们要懂得"己所不欲，勿施于人"这个道理。就算你是开玩笑，也可能会严重伤害别人。

不要随便触摸别人的泳衣遮盖部位

不管是男孩还是女孩，都要记住泳衣遮盖部位（嘴、胸部、臀部、生殖器）是只有自己可以触摸的重要部位。大家千万不要因为是朋友，就随便触摸或者盯着别人的泳衣遮盖部位看。同样，千万不要让别人看或者触摸自己的泳衣遮盖部位。

"男子气概"和"女性魅力"的想法已经落伍了

"男子气概"和"女性魅力"是由社会和环境创造出来的说法。不论男女，都要重视自己喜欢的事物和自己的感受。同样，也要尊重其他人喜欢的事物和他人的感受。大家都会因为自己喜欢的事物被认可而感到开心吧。

希望大家记住！

避免成为欺凌的"加害者"

就算一开始只是朋友之间的"玩笑"和"恶作剧"，也可能会逐渐升级，变成欺凌。假如针对别人的身体特征和性格等开玩笑，很可能会让别人感到十分痛苦。就算是关系很好的朋友，如果对方觉得你的言行是欺凌，那就是严重的欺凌了。重视自己的感受固然重要，不过考虑别人的感受，思考"如果我这样做，他会怎么想呢？"也是在社会中生存下去所必需的能力。

因为身心发展而烦恼怎么办

在青春期，我们都需要面对一个事实，那就是自己的心理和身体都在发生急剧的变化。可能有的人会认为只有自己有这么多烦恼，实际上，每个人都是经历过这些以后才长大成人的。

不要和别人比较

胸部太大或者太小、身高太高或者太矮、月经初潮或初精来得早或晚，大家可能都有过因为跟朋友比较而感觉沮丧或烦恼的经历吧。实际上，每个人成长发育的速度都不一样。就算是现在感觉很烦恼的事情，在几年后可能就会忘掉。大家可以放轻松，享受这个塑造自我的时期。

爸爸妈妈是过来人

关于成长的烦恼可以首先找爸爸妈妈商量，他们是过来人，肯定可以设身处地地倾听你的烦恼。假如感觉问爸爸妈妈实在难为情，也可以咨询学校的老师或专业咨询师等。

接纳自己

就像每个人的长相都不一样，每个人的身心发展也不一样。100个人会有100种个性，也会有100种不同的魅力。为了以积极的心态度过青春期这个长大成人前的必经阶段，一定要牢记自己是这个世界上独一无二的存在。

烦恼是长大成人前的必经阶段

处于青春期的未成年人，会因为身体发育、有喜欢的人、家庭和朋友之间的关系等因素产生烦恼或不安的情绪。这些烦恼都有其存在的意义，经历烦恼是长大成人前的重要阶段。即使感到伤心或者烦闷，大家也绝对不能自责。要记住你不是一个人，你可以把烦恼说出来，向各种各样的人寻求帮助。

希望大家记住！

如果有很在意的事情，就要向医生咨询

要是感觉自己的身体有哪里不对劲，可以首先和爸爸妈妈商量。如果烦恼无法消解，还可以向医生咨询。可能很多人会认为只有在怀孕或者生病时，才可以去妇产科或泌尿科，实际上，这里的医生可以对身体进行整体性诊断。有的医院还针对从小学到高中的未成年人设置了儿童期和青春期门诊，专门应对未成年人身体和心理方面的烦恼。

既要喜欢自己，也要喜欢别人

"喜欢上别人"是怎么一回事呢？谈恋爱的时候，不仅要重视自己的感觉，也要为别人着想，要认真对待眼前的人，好好地享受甜蜜的恋爱。

喜欢上别人，是很自然的事情

青春期也是恋爱觉醒的时期，我们可能会喜欢上异性。如果被喜欢的异性注视，会让我们连说话都变得不自然。喜欢别人的同时，也希望那个人喜欢自己，会不自觉地为喜欢的人着想，这也是大家锻炼自己共情能力的好机会。

就算是对异性没有兴趣，也不奇怪

喜欢上别人是很自然的事情，不过就算对异性没有什么兴趣也一点都不奇怪。我们可以将精力投入到运动和学习中，增强体能并收获知识。即使现在没有喜欢的人，也可以期待将来与喜欢的人不期而遇。

重视双方的感觉

"性同意"是指发生性行为之前，要确认两个人是否都积极地想要做出这些行为。大家绝对不要在没有征得对方同意的情况下就放纵自己做出这些行为。即使两个人是恋人关系，如果对方不同意还是勉强他（她）做出这些行为，那就是绝对不可原谅的性暴力。

心理和身体尚未成熟之时绝对不能做这样的事

性交可能会怀孕，也可能会染上性传播疾病。对于尚未掌握正确的性知识、身心不成熟的未成年人来说，这种行为带来的风险更大。待长大成人、身心成熟、能为自己的行为负责时，再考虑这件事也为时不晚。

我们在交往，你就听我的吧！

NO!

希望大家记住！

想要变得受欢迎，需要磨炼自己的内在魅力

如何才能变得受欢迎呢？当然，有人可能会因为个子高、帅气等外在形象而喜欢上别人。但是，一个人的魅力最终还是体现于内在。在意自己的外在形象固然很好，不过要想受欢迎，磨炼自己的内在魅力也十分重要。培养出了自己的独特个性，欣赏你的人也会随即出现。

不要被错误信息误导

在大家周围充斥着大量的信息。要学会分辨什么是真正需要的信息，什么是准确的信息，从而掌握正确的知识。

不能盲目相信网上的信息

现在有很多人因为"学校和父母不教这些知识"，而在互联网上搜索与身体和性相关的信息。但是，想要在大量的网络信息中掌握正确的知识，并不是简单的事情。盲目地相信网上的信息是非常危险的。

发现淫秽色情出版物怎么办

含有淫秽色情内容的书刊、音像制品、电子出版物及网络信息等，会危害人们的身心健康，发现这类有害图书或不良信息时，可以拨打 12390 扫黄打非举报热线进行举报。

"是早还是晚"
每个人都不一样

每个人在青春期的成长方式都不一样。同样地,月经初潮和初精的时间也因人而异。可以告诉自己"这是因为还没有轮到我",不急不躁地按照自己的速度成长。

可以相信
朋友所言吗

进入青春期以后,大家应该都和朋友谈过与性相关的话题吧。其实,朋友所言很可能是在网上看到的错误信息。一定要注意,除了正确的科学知识,绝对不要随便相信其他信息。

希望大家记住!

和家里人谈一下性吧

在长大成人的过程中,很多人可能没有想过要和自己的爸爸妈妈谈论性的话题。但是,可以设身处地地倾听你的感受,并在发生意外时保护你的人,就是你最熟悉的家里人。在身体和心理方面出现烦恼的时候,不要一个人默默承受,可以和家里人谈一下。爸爸妈妈在和你一样的年纪时,也许也有过相似的烦恼。

发现自己的魅力

现在和未来的自我笔记

为了实现自己的梦想，一定要了解自己的魅力，这很重要。可以试着制作自我笔记，把现在和未来连接起来。

第1步　　喜欢上自己吧！

你认为自己是什么样的人呢？试着将想到的词写在表格的左边，如果写出来的是负面评价，可以把它替换成正面评价写在表格的右边。找到正面的自己就会发现所谓的"个性"。

例子

自己是什么样的人？		在这里写下正面的评价吧！
性格开朗，有活力	➡	继续保持
老实，胆小	➡	沉稳，为别人着想
任性	➡	坦率，诚实

自己是什么样的人？　　　　在这里写下正面的评价吧！

➡

➡

➡

➡

➡

➡

第 2 步　　描绘未来的梦想吧！

你将来想做什么事情呢？为了把自己喜欢的事、擅长的事与未来连接起来，试着回答下面几个问题吧。

自己喜欢的事、擅长的事是什么呢？

> **例子**：我喜欢时尚。

长大后你想做什么工作呢？

> **例子**：服装设计师。

为了实现这个梦想，现在的你可以做什么呢？

> **例子**：升入可以学习到服装知识的学校，努力学习。

版权登记号：01-2022-7052

图书在版编目（CIP）数据

给孩子的性教育图鉴 /（日）野岛那美著；刘旭阳译. -- 北京：现代出版社，2023.5
　ISBN 978-7-5231-0203-9

Ⅰ.①给… Ⅱ.①野… ②刘… Ⅲ.①青少年－性教育－图集 Ⅳ.①G479-64

中国国家版本馆CIP数据核字（2023）第025892号

大人も知らない！？性教育なぜなにクイズ図鑑
監修：のじまなみ
Copyright © 2021 by Nami Nojima
Original Japanese edition published by Takarajimasha, Inc.
Simplified Chinese translation rights arranged with Takarajimasha, Inc.,through Shanghai To-Asia Culture Communication Co., Ltd.
Simplified Chinese translation rights © 2023 by Modern Press, Co., Ltd.

给孩子的性教育图鉴

作　　者	（日）野岛那美
译　　者	刘旭阳
选题策划	李　昂
责任编辑	申　晶　滕　明
封面设计	八　牛
出版发行	现代出版社
通信地址	北京市安定门外安华里504号
邮政编码	100011
电　　话	010-64267325　64245264（传真）
网　　址	www.1980xd.com
印　　刷	北京飞帆印刷有限公司
开　　本	710mm*1000mm　1/16
印　　张	8.75
字　　数	56千
版　　次	2024年1月第1版　2024年1月第1次印刷
书　　号	ISBN 978-7-5231-0203-9
定　　价	58.00元

版权所有，翻印必究；未经许可，不得转载